Günter Elze

BRESLAU
gestern und heute

Ein Wegweiser

22.80
l/2

Verlag Gerhard Rautenberg · Leer/Ostfriesland

Für
Barbara
Miriam
und
Nicola

4. überarbeitete Auflage 1989
© 1979 by Verlag Gerhard Rautenberg, 2950 Leer/Ostfriesland
Gesamtherstellung: Druckerei Gerhard Rautenberg,
2950 Leer/Ostfriesland
ISBN 3-7921-0222-6

Inhalt

Wo liegt Breslau heute?

Noch immer liegt Breslau an der Oder, ist das Herz und der Mittelpunkt Schlesiens. Aber dieses Schlesien hat nach 600jähriger Zugehörigkeit zum Deutschen Reich, nach siebenhundert Jahren deutschen Lebens und deutscher Kultur sein vertrautes Gesicht verloren.

Mehr als dreißig Jahre sind vergangen seit dem schrecklichen Ende des unheilvollsten aller Kriege, seit der Ausweisung der Schlesier aus ihrem angestammten Land. Ihrem Schmerz um die verlorene Heimat hat die Zeit seine Schärfe genommen. Eine neue Generation ist herangewachsen. Wie fern oder wie nah liegt ihr und uns heute das Land und diese Stadt an der Oder?

Seit die östlichen Grenzen wieder durchlässiger wurden, schwillt der Besucherstrom von Jahr zu Jahr an. Touristen kommen und Vertriebene mit ihren Söhnen und Töchtern, die Schlesien kaum noch aus eigenem Erleben kennen. Sie zeigen, daß das Land nicht vergessen ist. Aber die Menschen, die es in vielen Generationen gestaltet haben und die wiederum von ihm geprägt wurden, gibt es dort nicht mehr. Dörfer und Städte sind fremd geworden. Die Vergangenheit verbirgt sich hinter neuen Fassaden.

Wo also ist dieses Breslau, das der Besucher aus Deutschland heute mit dem Herzen sucht und in Wroclaw so schwer findet?

Manch einer, der gekommen war, die Stätten seiner Erinnerung wiederzusehen, mag sich enttäuscht abgewandt haben, wenn die Gegenwart allzu wenig dem Bild seiner Sehnsucht entsprach. Andere aber hat die neue Begegnung erst recht dazu verlockt, mit wachen und geschärften Sinnen die Stadt, ihre Geschichte, ihren Reichtum und ihre Schönheit neu zu entdecken.

Für sie wurde dieses Buch geschrieben. Ihnen will es die Sehenswürdigkeiten Breslaus erklären, will sie zu den noch immer reich vorhandenen Spuren der Vergangenheit führen und sie ihnen deuten.

Das neue Gesicht der Stadt, die fremdsprachigen Aufschriften, ver-
kürzte Darstellungen in manchen Stadtführern irritieren und lassen
uns am eigenen Geschichtsbild zweifeln. Darum will ich Ihnen zu
Beginn etwas ausführlicher vom Werden Breslaus erzählen, von seinen Anfängen, von seinem Blühen im 15. und 16. Jahrhundert als
mächtige, bürgerstolze Handelsstadt und von den Menschen, die es
durch Jahrhunderte belebt und gebaut haben.

So vorbereitet, möchte ich dann mit Ihnen die Stadt besuchen, um
Ihnen die Stätten und Kunstdenkmäler zu zeigen, in denen sich die
Vergangenheit zu erkennen gibt.

Am Schluß des Buches finden Sie praktische Hinweise für die
Reise, ein Straßen- und Personenregister und einen Übersichtsplan
zum besseren Zurechtfinden.

Die Stadt der Piasten

„Wrotizla"

Seit Jahrtausenden begleiten die Oder auf ihrem Weg durch das breite schlesische Urstromtal die langhingestreckten Bergzüge der Sudeten, von denen ihr die Gebirgsflüsse zuströmen. Wo sie die Mitte des schlesischen Landes erreicht, scheint sie einzuhalten. Sie stockt, schickt Nebenläufe aus, sammelt sie wieder ein, teilt sich von neuem, umspült Inseln und Sände.

Diese unwegsame, mit dichten Wäldern bedeckte Niederung war schon früh ein Schnittpunkt europäischer Kraftlinien. Zieht man auf der Karte vom Schwarzen Meer zur Nordsee und von Venedig nach Königsberg gerade Linien, so schneiden sie sich hier. Entlang dieser Linien liefen von Ost nach West — von Krakau nach Mitteldeutschland — die „Hohe Straße", von Süd nach Nord — von der Adria zur Ostsee — die „Bernsteinstraße". An ihrem Kreuzungspunkt, wo die Bernsteinstraße den günstigen Oderübergang bei den Inseln fand, soll im 10. Jahrhundert der Böhmenherzog Wratislaus I. eine Burg errichtet haben, die seinen Namen trug: „Wratislavia".

Zum ersten Mal im Jahre 1000 nennt ein Bericht „Wrotizla" als Bischofssitz und seinen ersten Bischof Johannes. Johannes der Täufer ist von Anbeginn Namenspatron der Breslauer Diözese und ihrer Domkirche gewesen. Ihm und Johannes dem Evangelisten begegnen wir noch heute in vielen Abbildern, wenn wir die Stadt durchstreifen.

Im gleichen Jahr 1000 unterstellte Kaiser Otto III. auf seiner abenteuerlichen Pilgerfahrt zum Grabe des hl. Adalbert nach Gnesen das Bistum Breslau der neugegründeten Erzdiözese Gnesen. Damit war für die Stadt zunächst die Richtung nach Polen gewiesen, dessen Herzöge sich nach ihrem Stammvater Piast Piasten nannten. Im Dunkeln liegen die nächsten Jahre, bis wir um 1050 erfahren, daß Bischof Hieronymus auf der Insel im Strom mit dem Bau eines Domes beginnt. Sonst aber haben wir keine rechte Vorstellung davon, wie dieser Ort, Burgflecken und Bischofssitz zugleich, während des 11. Jahrhunderts ausgesehen haben mag. Es ist ein Jahrhundert unaufhörlicher Kämpfe zwischen Polen und Böhmen um den Besitz Schlesiens. Mehrmals haben deutsche Könige in diese Händel eingegriffen. So auch König Heinrich V., der 1109 bis vor Breslau gezogen war, aber unverrichteterdinge hatte umkehren müssen. Ob es dabei nördlich der Stadt zu einer Schlacht gekommen war oder Hunger und Seuchen zur Umkehr zwangen, ist ungewiß. Der Ort aber, an dem solches geschah und an dem sich Scharen von Hunden auf die zurückgebliebenen Leichen gestürzt haben sollen, ist bis heute das „Hundsfeld" geblieben, jetzt ein betriebsamer Vorort der Stadt.

Peter Wlast

Herzog Boleslaus III. von Polen, der hier dem mächtigen deutschen König Trotz bot, zeigte sich als kluger Herrscher. Mit Böhmen schloß er Frieden und sicherte Schlesien als polnischen Besitz. Ihm zur Seite stand, ein Leben lang treu ergeben, Graf Peter Wlast. Ein harter, listenreicher und doch gradliniger Mann, dessen reichen Stiftungen Breslau seine ältesten Kunstschätze verdankt. Seine übermächtige Stellung an der Seite des Herzogs hatte ihn in Konflikt mit dem Klerus gebracht, den er mit der Stiftung eines Klosters bei dem Dorf Elbing, unmittelbar nördlich der Stadt am Oderübergang, beschwichtigte. Das Kloster stattete er mit reichem Grundbesitz aus, überließ ihm den einträglichen Brückenzoll an der „Bernsteinstraße" und verschaffte ihm auf dem Hoftag zu Magdeburg die Gebeine des spanischen Heiligen Vinzenz als wertvolle Reliquie. Auch die Augustiner-Chorherren, einige Jahre zuvor am Zobten angesiedelt, holte er herunter ins Leben der Stadt und überließ ihnen die Sandinsel.

Wie kein anderer verkörpert Peter Wlast das polnische Element in Breslaus Frühzeit — und doch begann mit ihm Schlesien für Polen verlorenzugehen. Mit dem Tode Boleslaus wurde Polen unter dessen Söhnen aufgeteilt, wobei Wladislaus, der Älteste, Krakau und Schlesien bekam. Ihm stand das „Seniorat", die Oberhoheit über die anderen Teilherzogtümer, zu. Doch damit nicht zufrieden, versuchte er, seine Brüder ganz auszuschalten.

Peter Wlast, noch immer hoch geehrt und geachtet, suchte die Rechte der jüngeren Söhne Boleslaus' zu wahren. Seine Anwesenheit auf dem Hoftag zu Magdeburg hatte sicher nicht nur den Gebeinen des hl. Vinzenz gegolten. Er dürfte bei König Konrad III. um Intervention gebeten haben. Dem kam Wladislaus zuvor. Zu einem Familienfest in der Breslauer Burg schickte er eine Abordnung, die Peter Wlast überwältigte und nach Krakau führte. Die Sage behauptet, Wlast habe die für Hochverrat übliche Strafe, die Blendung, erleiden müssen, aber durch ein Wunder das Augenlicht zurückgewonnen.

Dieser brutale Überfall und die grausame Behandlung des überall hochgeachteten Wlast führten zum Aufstand gegen Wladislaus und zu seinem Sturz. Er floh nach Deutschland unter den Schutz seines Schwagers, König Konrad III. In Polen schreibt man die Schuld an seinem Untergang den Intrigen seiner deutschen Frau, der Babenbergerin Agnes, zu. Richtig ist jedenfalls, daß mit diesen Vorgängen der Grundstein gelegt wurde zu der bald einsetzenden Hinwendung Schlesiens zum Deutschen Reich.

Heinrich und Hedwig

Siebzehn Jahre später gelang es nämlich Friedrich Barbarossa, den piastischen Streit zu schlichten. Wladislaus und Agnes waren zwar schon tot, aber ihre Söhne durften nun zurückkehren. Boleslaus als der Älteste erhielt Schlesien bis südlich Oppeln und wurde der Stammvater aller schlesischen Piasten. Er wußte, daß er sich gegen die Brüder seines Vaters nur im Schutze des deutschen Königs würde behaupten können. Vor allem aber hatte er in den langen Jahren des Exils deutsches höfisches Leben kennengelernt, den Reichtum der Städte gesehen und die Tüchtigkeit der Bauern bewundert. Deshalb rief er sogleich deutsche Kaufleute, Handwerker und Bauern in sein dünn besiedeltes und wenig erschlossenes Land. Sein Sohn, Heinrich I., war in Deutschland geboren und aufgewachsen. Für ihn gewann er eine Gemahlin aus Bayern, Hedwig aus dem angesehenen Haus Andechs-Meranien.

In Breslau wurden die ersten deutschen Kaufleute heimisch. Am Oderübergang überließ ihnen der Herzog ein Grundstück zum Bau eines steinernen Kaufhauses. Ihre Wohnhäuser bauten sie parallel zum Fluß, einige hundert Meter weiter südlich. Am östlichen Beginn dieser neuen Straßenzeile stand die erste Pfarrkirche, St. Adalbert. Als sie bald darauf den Dominikanern als Klosterkirche übergeben wurde, baute sich die deutsche Gemeinde am anderen Straßenende eine neue Stadtkirche, St. Maria-Magdalena. Das war der Ursprung der späteren Albrechtstraße. Bis ins 19. Jahrhundert ist sie die Straße der vornehmsten Patrizierhäuser geblieben.

Im Jahre 1201 folgte Heinrich I. auf Boleslaus. Heinrich, der deutsche Königsname, wurde für die nächsten 150 Jahre der bevorzugte Name der Breslauer Herzöge. Hedwig von Andechs war nun schon die dritte deutsche Fürstentochter an der Seite eines Piastenherzogs. Auch ihr Sohn, Heinrich II., suchte sich seine Gemahlin wieder in Deutschland. Vom Herzogshaus breiteten sich deutsche Sprache und deutsche Kultur zugleich mit den deutschen Zuwanderern im Lande aus. Im ersten Jahr ihrer Regierungszeit stiftete Hedwig das Kloster in Trebnitz. Ihre Fürsorge für Arme und Kranke und ihre Frömmigkeit trugen ihr schon zu Lebzeiten den Ruf einer Heiligen ein. Bis heute ist sie für Polen und Deutsche gleichermaßen die Schutzpatronin des schlesischen Landes geblieben.

Da brachen 1241 die Mongolen ins südliche Polen ein, erzwangen den Übergang über die Oder in Oberschlesien und standen gleich darauf vor Breslau. Schreckerfüllt, in panischer Furcht, gaben die Bewohner die Stadt preis, zündeten sie an und flohen auf die Inseln. Wütend ob der entgangenen Beute, versuchten die Mongolen über den Fluß hinweg die Inseln zu stürmen. Doch dafür fehlte ihnen das technische Rüstzeug. In inbrünstigen Gebeten soll Ceslaus, der Abt des Dominikanerklosters zu St. Adalbert, die Hilfe des Himmels herbeigefleht haben. Und siehe, es brach ein echt schlesisches Frühjahrsgewitter wie ein Weltuntergang auf die Heiden hernieder. „Schwefel und Feuer regneten vom Himmel", so sahen es die alten Chronisten. Da hatten die Schlitzäugigen genug, zogen weiter und kühlten ihr Mütchen auf dem platten Lande.

Bei Liegnitz stellte sich ihnen Heinrich II. mit einem Heer polnischer und deutscher Ritter, mit Bauern und den deutschen Bergleuten aus Goldberg entgegen. Er fiel im Getümmel, sein Heer wurde von der Übermacht geschlagen, aber die flinken Reiter aus dem Osten kehrten um und verschwanden so schnell und unvermutet, wie sie gekommen waren.

Breslau lag in Schutt und Trümmern. Es war um die Osterzeit. Wen würde der Gedanke daran unberührt lassen, daß die Stadt sieben Jahrhunderte später wieder in den Ostertagen ihren zweiten, so viel schrecklicheren Untergang erleben mußte?

Neues Beginnen

Aus der zerstörten, zufällig gewachsenen Ansiedlung sollte nun eine neue, planvoll angelegte Bürgerstadt wachsen. Die deutschen Ansiedler strebten nach dem ihnen gewohnten Stadtrecht, das sie als Bürger frei machte von der unmittelbaren herzoglichen Gewalt.

Schon um 1229 muß es einen deutschen Schultheiß, Alexander, gegeben haben. Noch vor dem Mongoleneinfall hatte Heinrich II. die Verleihung des deutschen Stadtrechts eingeleitet. Nun drängte die Bürgerschaft auf dem einmal eingeschlagenen Wege weiter, dabei unterstützt von Hedwig und ihrer Schwiegertochter Anna.

Während Anna auf den herzoglichen Grundstücken am linken Oderufer drei Klöster gründete und sie mit Mönchen und Nonnen aus Böhmen besetzte, sorgte sie auch dafür, daß der Markt nicht wieder in der Enge des Flußübergangs blieb. Sie ließ den „Neumarkt", 100 mal 100 Meter groß, ein gutes Stück weiter südlich anlegen.

Aber die Bürgerschaft hatte Bedeutenderes im Sinn. Westlich der alten Ansiedlung wurde als neuer Stadtmittelpunkt der Große Ring abgesteckt, viermal größer als der Neumarkt. Von ihm strahlen gradlinig nach den vier Himmelsrichtungen die breiten Hauptstraßen aus. Sie werden rechtwinklig von Querstraßen geschnitten. Ein Schachbrettmuster entsteht, das auch heute noch die Orientierung so leicht macht. Um den Ring gruppieren sich die beiden Pfarrkirchen Maria-Magdalena und Elisabeth. In seiner Diagonale nach Südwesten öffnet er sich zum „Salzring", dem Marktplatz für den Salzhandel und die Händler aus Polen und Rußland.

Drei Marktplätze in einer Stadt! Niemand kann sagen, die Breslauer hätten nicht gewußt, worauf sie hinaus wollten. Wonach sie aber vor allem trachteten, das war die bürgerliche Selbstverwaltung, das Stadtrecht nach deutschem Vorbild. Der Herzog war in ständiger Bedrängnis durch seinen Bruder Boleslaus von Liegnitz. Die Stadt unterstützte ihn, so gut sie konnte. Das mag den Ausschlag dafür gegeben haben, daß Breslau im Jahre 1261 das Magdeburger Stadtrecht erhielt. Es hob die direkte Untertänigkeit der Stadtbewohner im wesentlichen auf. Es machte sie zu freien Bürgern, die den Rat aus ihrer Mitte wählen durften. Der Rat überwachte Marktordnung und Zünfte, sorgte für die Sicherheit in der Stadt, setzte die Abgaben fest und verwaltete die städtischen Finanzen.

Es ist reizvoll, sich die Verfassung eines solchen mittelalterlichen Gemeinwesens einmal zu vergegenwärtigen.

Als Instanz zwischen dem Herzog und dem Stadtrat gab es den Vogt, dem die niedere und höhere Gerichtsbarkeit zustand. Das Amt des Vogts war erblich und mit erheblichen Einnahmen aus den Rechtsverfahren ausgestattet. In Breslau hat es der Rat im Laufe von nicht ganz hundert Jahren verstanden, das Amt und die Einkünfte daraus an sich zu bringen, somit die lästige vorgesetzte Instanz auszuschalten.

Der Rat setzte sich aus acht, zeitweise aus zwölf Ratmännern und elf Schöffen zusammen. Den Schöffen oblag die Rechtspflege. Sie waren den Ratmännern Gehorsam schuldig. Die Ratmänner hatten sich um die innerstädtische Verwaltung zu kümmern, wobei jeder für einen bestimmten Bereich die Verantwortung trug, so z. B. für die Marktordnung, für die Einkünfte aus Zöllen und Abgaben, für das Verteidigungs- und Polizeiwesen.

Die Ratmänner wurden jeweils für ein Jahr, von Aschermittwoch zu Aschermittwoch, gewählt. Aber das war keine demokratische Wahl, denn jeder ausscheidende Ratmann konnte seinen Nachfolger selbst vorschlagen. So blieben die Ratssitze fest im Besitz weniger Familien. Ratmann und Schöffe konnte nur werden, wer das Bürgerrecht besaß. Das Bürgerrecht erhielt, wer mit seiner ganzen Familie zuzog und ein Haus erwarb, also zu erkennen gab, daß er seßhaft bleiben wollte.

Alle Bürger waren persönlich frei. Freiheit war auch eine der Haupttriebfedern für den Zug nach Osten. Geistliche, Ritter, Gehilfen und Gesellen waren bloße Einwohner, für welche die Bürgerrechte nicht galten. Privilegien erhielt die Stadt lediglich zugunsten ihrer Bürger, nicht der Einwohner. Andererseits waren aber die Bürger mit ihrem Vermögen für die Schulden der Stadt haftbar.

Die Voraussetzung für eine freie Entfaltung des Handels war geschaffen. Wichtig waren vor allem die Märkte, so der Hauptmarkt zu St. Johanni, zu dem die Händler von weither anreisten. Zwar gab es an den Zufahrtswegen rund um die Stadt noch die herzoglichen Zollschranken, die den Kaufleuten das Leben schwer machten. Aber die Stadt nutzte die ständigen Geldnöte ihrer Herrscher geschickt aus, kaufte ihnen in kurzer Zeit diese Zollrechte ab und machte die Wege zollfrei.

Daß dem Tuchhandel schon früh eine besonders wichtige Stellung zukam, verrät die herzogliche Zollrolle von 1327, in welcher der Tuchzoll ganz obenan steht: „Welch gast her in die stat Wretslaw vurt schone gewant, der shal gebin von dem tuch ein halbes scoth..." Dem Herzog aber mag die Selbständigkeit der Stadt bald bedenklich geworden sein. Schon zwei Jahre nach der Verleihung des Magdeburger Stadtrechts gründete er auf der Insel zwischen den beiden Mündungsarmen der Ohle eine neue Stadt, ganz offensichtlich mit dem Ziel, Breslaus Wachstum zu dämpfen. Doch das währte nicht lange. Gut sechzig Jahre später durfte sich Breslau mit Zustimmung Heinrichs VI. die „Neustadt" einverleiben. In ihr hatten sich in großer Zahl Tuchmacher und Weber aus dem nahegelegenen Wallonendorf St. Mauritius angesiedelt. Sie ist noch lange ein Herd der Unruhe für Breslau geblieben, hat sich auch bis in die Neuzeit eine Reihe von Sonderrechten bewahrt, so daß der Name „Neustadt" erhalten blieb.

„Heinrich von Pressela"

In Breslau hatte man nicht die Absicht, sich mit der Rolle eines schlesischen Handelsplatzes allein zu begnügen. Der nächste Schritt war das Privileg des alleinigen Niederlags- und Stapelrechts für Schlesien, das die Stadt von Heinrich IV. 1274 erhielt. Nur in den wenigen Orten, die dieses Niederlagsrecht besaßen, hatte der überregionale Handel seine Umschlagplätze. Nun begannen die großen Handelshäuser aus West und Ost Beziehungen mit Breslau anzuknüpfen oder gar Niederlassungen dort einzurichten. Mit Stettin und Frankfurt wurde Breslau zum Wirtschaftszentrum an der Oder.

Heinrich IV. von Schlesien ist der bedeutendste aller schlesischen Piasten. Am Hof zu Prag erzogen, war er ganz und gar von deutscher höfischer Sitte geprägt. Er ist der „Heinrich von Pressela" der Manessischen Liederhandschrift. Seine Regierungszeit war ein unaufhörlicher Kampf, zuerst gegen seine Verwandten um das Erbe, dann mit dem Breslauer Bischof Thomas II. um die herzoglichen Rechte im Ottmachauer Land. Schließlich griff er, zu Hilfe gerufen von deutschen Bürgern Krakaus, weit nach Polen aus, nannte sich fortan Herzog von Breslau, Krakau und Sandomir.

Er starb eines plötzlichen und unerklärlichen Todes, 37 Jahre alt, am 23. Juni 1290. Unmittelbar zuvor hatte er sich mit dem Bischof ausgesöhnt. Sein Testament trägt das Datum seines Todestages. Darin löste er seinen mühsam erstrittenen Herrschaftsbereich wieder auf, gab Krakau und Sandomir an Polen, die Grafschaft Glatz an Böhmen zurück. Ja, er setzte den Bischof, seinen langjährigen Widersacher, zum Testamentsvollstrecker ein und gab ihm obendrein die beschränkte Landeshoheit über das Neiße-Ottmachauer Land, das bald danach ganz selbständiges Fürstbistum wurde. Wie dem auch gewesen sein mag: sein Grabmal ist eine der großen kunsthistorischen Sehenswürdigkeiten Breslaus. Am Fuß des Sarkophages beweint ihn das Trauergefolge, darunter auch Bischof Thomas II.

Die große Kirche zum Hl. Kreuz ist Heinrichs Stiftung zum Zeichen seiner Aussöhnung mit dem Bischof. Hochfahrend über einer Unterkirche steht sie bis heute mit ihrem überschlanken Turm zwischen Dom und Sandkirche und vollendet den unvergleichlichen Dreiklang der gotischen Gotteshäuser über dem Strom.

„Heinrich von Pressela" (Manessische Liederhandschrift)

Die Piasten treten ab

Frühere Erbteilungen, erst recht das Testament Heinrichs IV., hatten große Stücke aus dem Herzogtum Breslau herausgelöst. Seinen friedfertigen Nachfolgern entglitt das Erbe vollends. Heinrich VI. übernahm 1311 einen Bereich, der im Süden vom Zobten, im Norden vom Lauf der Weide begrenzt wurde, im Westen Neumarkt gerade noch einschloß, im Osten aber schon vor Ohlau endete. Ganz Schlesien war in eine kaum noch zu überschauende Zahl von Zwerg-Fürstentümern zerfallen, die heillos miteinander zerstritten waren. Neidvoll blickten sie alle auf das aufstrebende Breslau.

Um sich vor den Angriffen seiner Nachbarn zu schützen, übertrug Heinrich VI. noch zu Lebzeiten seine Herrschaft dem König Johann von Böhmen. Der hatte in langen Kämpfen mit Polen gelegen, seine Hand auch nach der polnischen Krone ausgestreckt. Zwischen die streitenden Parteien geraten, hatten auch andere schlesische Piasten ihr Heil darin gesucht, sich Böhmen anzuschließen.

Den Übergang hat Heinrich VI. seiner Stadt leicht gemacht. Das Ratskollegium war geschickt genug, die Gelegenheit zu nutzen. Der Stadtsäckel erlaubte es, dem Fürsten ein Privileg ums andere abzukaufen: Das Amt des Stadtvogts und die höhere Gerichtsbarkeit gingen auf den Rat über, die Neustadt wurde eingegliedert, der Herzog bestätigte das Wahlverfahren, das bisher Gewohnheitsrecht gewesen war.

Dieses Wahlrecht hatte dazu geführt, daß wenige Familien die Ratssitze in ihren Reihen gehalten hatten. Das weckte die Unzufriedenheit der Zünfte, und es kam zu einem ersten, vergleichsweise harmlosen Aufruhr.

Eine Deputation aus der Neustadt führte vor dem Herzog Beschwerde. Sie bat ihn, gegen den Rat einzuschreiten, versicherte ihn aber gleichzeitig ihrer immerwährenden Dankbarkeit und versprach — man wußte, wo der Schuh drückte und war so ganz arm auch wieder nicht — je ein mit Gold und Silber gefülltes Faß.

Als die Bittsteller aber sahen, daß der Herzog doch dem Rat zuneigte, griffen sie zu den Waffen und drohten mit Empörung. Das machte die Sache schlimm und zwang König Johann zum Eingreifen.

Er ließ den Rat zu Gericht sitzen und ein Urteil fällen in eigener Sache. Drei Todesurteile gab es und viele Verbannungen aus der Stadt. Die Liste der Verurteilten enthält nur deutsche Namen: Hartmann, Landweber, Glaser, Pappelbaum und so fort.

Unter Böhmens Krone

Das Goldene Zeitalter Karls IV.

Herzog Heinrich VI. war am 24. November 1335 gestorben, sein Herzogtum an König Johann von Böhmen gefallen. Das war ein wichtiger Einschnitt in der Geschichte der Stadt und des schlesischen Landes überhaupt, das von jetzt an und für immer unstreitig dem Deutschen Reich zugehörig blieb.

Aber noch gab es Gegenkräfte im Lande, die sich der Hinwendung Schlesiens nach Böhmen widersetzten. Die Kirche suchte das polnische Element zu stützen und hatte handfeste Gründe dafür: Aus Polen floß der „Peterspfennig" nach Rom, eine Art Kirchensteuer, die in Böhmen nicht erhoben wurde. Die Kurie fürchtete um den Ausfall dieser starken Finanzquelle aus Schlesien. Um den polnischen Einfluß im Breslauer Domkapitel zu stärken, war schon im Jahre 1326 Bischof Nanker, eine eigenwillige und impulsive Persönlichkeit, aus Krakau auf den Breslauer Bischofstuhl berufen worden. Der Konflikt zwischen der kirchlichen und der weltlichen Macht brach aus, als König Johann die Stadt Militsch zur Grenzsicherung gegen Polen in Besitz nahm, ohne danach zu fragen, daß sie der Kirche gehörte. Begierig griff Nanker den Fehdehandschuh auf.

Kaum hörte er, daß sich König Johann im Breslauer Jakobskloster aufhielt, brach er auf. Den Weg vom Dom über die Sandinsel legte er im Sturmschritt zurück, donnerte höchst eigenhändig an die Klosterpforte, schob die Wachen beiseite und stand vor dem König, ehe der so richtig begriff, was geschah.

Zwar war er gefaßt genug, den Kirchenmann spöttisch abzutun, aber der vermahnte ihn im gleichen Atemzug „zum ersten, zweiten und dritten Mal", hatte schon ein hölzernes Kreuz in der Faust, streckte es dem König entgegen und sprach den Bann über ihn aus.

Doch den Streithähnen wurde die Sache bald aus den Händen genommen. Nanker starb schon ein Jahr später. Sein Nachfolger, der Schlesier Przeslaus von Pogarell, war nicht weniger zielstrebig, doch um vieles konzilianter und diplomatischer. In König Johanns Sohn Karl fand er einen ebenbürtigen Partner. Man einigte sich rasch: Militsch blieb als Eigentum der Kirche dem König offen, der Peterspfennig wanderte weiter nach Rom.

Noch vor Johanns Tod war Karl zum Deutschen König gewählt worden. Als späterer Kaiser Karl IV. wurde er zu einer der großen deutschen Herrschergestalten. Er ist der Kaiser der „Goldenen Bulle", der Gründer der ersten deutschen Universität in Prag. Seine Regierungszeit war eine lange Periode des Friedens und des kulturellen wie wirtschaftlichen Aufschwungs. Man begann vom „Goldenen Bistum" zu sprechen und meinte Schlesien damit. Die Stadt Breslau erlebte ihre erste hohe Blütezeit. Karl IV. hat sie mehr als fünfundzwanzigmal besucht und sie sogar — gewiß zu schmeichelhaft — seine „schönste Stadt" genannt.

Da seine jahrzehntelangen Versuche, das Bistum Breslau aus dem polnischen Kirchenverband zu lösen, am Widerstand des Domkapitels scheiterten, strebte er um so mehr danach, das städtische Patriziat für sich zu gewinnen. Er gestattete der Stadt den direkten Handel mit Flandern über Nürnberg und öffnete im Gegenzug Nürnberg den direkten Weg nach Polen über Breslau. Die gerade in Schwung kommende Barchentweberei förderte er mit der Erlaubnis zu einer städtischen Bleiche, womit das städtische Leinen-Handelsmonopol verbunden war. Auf seine Anregung ging das „Neue Landrecht für das Herzogtum Breslau" mit vielen Parallelen zum Landrecht des Sachsenspiegels zurück.

Die Bebauung des Stadtgebietes zwischen Ohle und dem heutigen Stadtgraben ist seiner Initiative zu danken. Für die Bewohner dieser neuen Viertel stiftete er das Augustiner-Eremiten-Kloster St. Dorothea und ließ dessen Kirche von einem Sohn des Prager

Dombaumeisters Peter Parler errichten. Alle großen Kirchenbauten, die heute das Stadtbild bestimmen, gingen in dieser Zeit ihrer Vollendung entgegen: der Dom, die Kreuz- und die Sandkirche, die Elisabeth- und die Maria-Magdalenen-Kirche, St. Jakob (die spätere Vincenzkirche), St. Adalbert und St. Dorothea.

Auf dem Ring war an die Bürgerdinghalle mit dem darunter liegenden „Schweidnitzer Keller" die Ratsstube angebaut worden, neue Erweiterungen des Rathauses standen bevor. Die Bürgerhäuser waren zumeist noch aus Holz, die Straßen ungepflastert. Wo die Räder im Schlamm zu versinken drohten, baute man Knüppeldämme. Die Straßennamen „Schuhbrücke" und „Schmiedebrücke" bewahren die Erinnerung daran bis in unsere Zeit. Die Handwerker wohnten in bestimmten Gassen zusammen. Man gewöhnte sich daran, diese Gassen nach den dort ausgeübten Tätigkeiten zu benennen.

Der „Bierkrieg" und ein Aufstand

Eine friedliche Zeit neigte sich ihrem Ende zu, als 1378 Karls IV. Sohn Wenzel den Thron bestieg. Seinem Vater in allem unähnlich, unzuverlässig, launisch und brutal, war er nicht in der Lage, die in Böhmen mit Jan Hus' Wirken aufbrechenden religiösen und nationalen Gegensätze zu beherrschen. Für Breslau begann ein kriegerisches Jahrhundert, wenn auch der Auftakt dazu, der „Breslauer Bierkrieg", eher erheiternd wirkte.

Schon früh wußte man in der Stadt den Gerstensaft zu schätzen. Besonders begehrt war das Bier aus Schweidnitz, für das der Rat das Schankmonopol besaß. Aber die Klöster auf bischöflichem Grund unterboten den Preis und hatten viel Zulauf. Dem Rat wurde nicht nur die Konkurrenz lästig, er war auch stets bereit, mit dem polnisch gesinnten Klerus einen Strauß auszufechten. Kurzerhand verbot er die Durchfuhr von Fässern, und schon trat der „casus belli" ein:

Herzog Ruprecht von Liegnitz will seinem Bruder, dem Breslauer Domdechanten, zu Weihnachten 1380 ein Fuder Schweidnitzer Bier als Geschenk schicken. Der besorgte Fuhrmann erbittet sich die Transportgenehmigung.

Aber als er mit seinen Fässern durch die Straßen rollt, konfisziert der Rat die ganze Ladung.

Helle Empörung bei den Domherren, die nun auf ihrer Insel mitten im Strom auf dem Trockenen sitzen. Sie meinen, auf den groben Klotz gehöre ein noch gröberer Keil, und sprechen das Interdikt über die Stadt. Damit ist den Pfarrern jede Amtshandlung untersagt. Es gibt keine Gottesdienste, keine Kindstaufen, Hochzeiten, Beerdigungen.

Das geht einige Monate so dahin; denn es finden sich niedere Geistliche und Wandermönche, die sich um das Interdikt nicht kümmern. Aber die Situation wird brenzlig, als im Juni König Wenzel zur Huldigung in Breslau erscheint. Seine Bitte, das Interdikt vorübergehend auszusetzen, weist der Klerus in verletzender Form zurück und entweicht vorsichtshalber gleich geschlossen weit aufs Land.

Daraufhin ruft der erboste König seine Mannen herbei und gibt ihnen die Klöster auf dem Sande und zu St. Vincenz zur Plünderung frei. Die böhmischen Krieger hausen schlimmer als die Tataren. Es wird geraubt und sinnlos zerstört. Auch der König soll dabei nicht unbeteiligt geblieben sein.

Die Stadtbewohner aber halten sich klüglich zurück, erwerben auch nichts von dem gestohlenen Gut, das die Kriegsknechte gerne wieder losgeschlagen hätten.

Bei so „königlichem" Beispiel war es kein Wunder, daß sich Rechtsunsicherheit und Raubrittertum ausbreiteten. Der Breslauer Rat war in den nächsten Jahren vollauf damit beschäftigt, die Straßen frei von Räubern und einigermaßen sicher zu halten. Dazu mußte er Söldner und Hauptleute anwerben. Man gewöhnte sich daran, eine eigene kleine Truppe zu unterhalten. Dafür war Geld nötig. Der Rat zog die Steuerschraube an. Das brachte den alten Streit mit den Zünften, der immer noch weitergeschwelt hatte, wieder zum Aufflammen. Es kam zum Aufstand der Zünfte von 1418.

Wieder ist die Neustadt Ausgangspunkt der Rebellion. In der Clemenskirche kommen die Wortführer zusammen. Zum Aufstand wild entschlossen, geht doch alles sehr ehrbar zu. Man beichtet, erhält im voraus Absolution, trifft am nächsten Morgen wieder in der

Kirche zusammen, rechtfertigt in gegenseitigem Zuspruch wieder und wieder das Vorhaben, findet sich endlich einig im Entschluß.

Dann läuten die Sturmglocken, gellt das Horn. Nichtsahnend sitzen Ratmänner und Schöffen im Rathaus. Sie finden keine Zeit mehr, das Tor zu schließen. Mit knapper Not entkommen sie ins obere Stockwerk. Axthiebe krachen gegen Tür und Treppe, dann dringen die Rebellen auch hier ein, mit ihnen der Mob. Wenigen gelingt die Flucht. Der Ratsmann Johann Megerlein ist hoch hinauf ins Balkenwerk des Turms gestiegen, ihm nach der Schuster Georg Rathberg. Kein Flehen hilft. Der rabiate Schuster packt zu — hoch vom Turm fliegt der Patrizier in die Spieße der drunten auf dem Fischmarkt wartenden Meuterer.

Sechs andere Ratmänner werden vor die Rathaustreppe gezerrt. Aus der Schatzkammer, wo im Rausch der Plünderung wertvolle Freibriefe und Privilegien der Stadt zum Teufel gegangen sind, schleppt man ein Schwert herbei. Karl IV. hatte es seiner „schönsten Stadt" geschenkt. Nun schwingen es die Anführer der Rebellen. Sechs Ratmänner sterben unter ihren Streichen:

Nikolaus Freiberg	*Johann Stille*
Hans Sachs	*Nikolaus Faustling*
Heinrich Schmidt	*Nikolaus Neumarkt*

Fünf Tage noch tobt der Aufruhr durch die Stadt. Sinn und Zweck der ganzen Unternehmung bleiben unkenntlich. An Stelle der toten Ratmänner werden neue gewählt, ein paar Vertreter der Zünfte darunter, aber die übrigen bleiben im Amt.

König Wenzel nahm von der Sache kaum Notiz. Er hatte andere Sorgen. Böhmen stand in heller nationaler und religiöser Erregung, die sich noch steigerte, als nach Wenzels Tod sein Bruder Sigismund den böhmischen Thron besteigen sollte. Ihm schrieb man die Schuld an Hus' Feuertod auf dem Konstanzer Konzil zu.

Der Reichstag zu Breslau

Sigismund berief einen Reichstag nach Breslau ein. Es sollte der einzige Reichstag bleiben, den die Stadt in ihren Mauern sah. Er wurde kein Freudenfest für sie. Sigismund war nicht der Mann, eine Rechnung unbeglichen zu lassen.

Am Dreikönigstag 1420 ritt er in die Stadt ein, von der Bevölkerung mit einer Mischung aus Neugier, Ehrfurcht und banger Erwartung empfangen. Er hielt sich nicht lange mit den Empfangszeremonien auf und setzte sogleich ein Gericht ein, das die Vorfälle um den Aufstand untersuchen sollte. Beileibe keine unparteiischen Richter, sondern Ratmannen und Schöffen, ganz persönlich in den Streitfall verwickelt, sollten das Urteil sprechen. Der Kaiser aber, dem das Richteramt wohl angestanden hätte, trat als Kläger auf.

Unter solchen Umständen brauchte das Gericht nicht lange, um ein Urteil zu finden. An der Ecke des Obstmarktes, nicht weit vom Eingang zum Elisabethfriedhof, stand der Richtertisch in aller Öffentlichkeit. Dreiundzwanzigmal wurde der Stab gebrochen, dreiundzwanzig Unglückliche sogleich zur Richtstätte geführt. Unter den Fenstern der Burg soll der Sandhaufen aufgeschüttet gewesen sein. Sigismund habe verwundert, mit zusammengekniffenen Lippen, auf die Verschwörer herabgeschaut, die ohne einen Laut der Klage ihren Kopf auf den Block legten. Von Matthias Beck und Peter Buchwalk bis Nickel Schöps ist es eine lange Liste biederer deutscher Handwerkernamen.

Die Stimmung war in tiefen Mißmut und Groll umgeschlagen. Sigismund, der es liebte, sich unerkannt unters Volk zu mischen, saß im Schweidnitzer Keller und hörte, was da in Lärm und Bierdunst über ihn und den Reichstag laut wurde. Freundlich klang es ihm nicht in die Ohren. Die Lippen kniff er zusammen, griff sich ein Stück Kreide und schrieb im Weggehen quer über den Tisch:

> *Wenn mancher Mann wüßte,*
>
> > *wer mancher Mann wär',*
>
> *Gäb mancher Mann manchem Mann*
>
> > *manchmal mehr Ehr'!*

Die folgenden Jahre waren angefüllt von den Schrecken der Hussitenkriege. Die Zeiten des Tatarensturms schienen wieder angebrochen. Das platte Land und die kleinen Städte waren den Überfällen schutzlos ausgeliefert. Nur um Breslau machten die Banden einen respektvollen Bogen. Während Sigismund dem Treiben aus der Ferne ziemlich hilflos zusah, versuchte die Stadt, mit einer kleinen Söldnertruppe dem umliegenden Land ein wenig Schutz zu verschaffen. Man lernte den Wert einer eigenen Streitmacht schätzen, besaß ein ganzes Arsenal respektabler Geschütze; das Selbstvertrauen wuchs. Die Stadt fühlte sich stark und sonnte sich im plötzlichen Wohlwollen des Kaisers, der sie nun pries als „Quelle der Gerechtigkeit" und „Garten, der der Stolz des Gärtners ist".

Ein Spanier gerät aufs Eis

Kaum zweihundert Jahre nach ihrer Neugründung hatte die Stadt einen Gipfelpunkt ihrer Entwicklung erreicht. Sie zählte zu den volkreichsten und bedeutendsten im Reich. Als Albrecht II., der erste Habsburger auf dem Prager Thron, seine Königswürde gegen polnische Ansprüche verteidigen mußte, kam er 1438 mit großem Gefolge nach Breslau und nahm Quartier im „Goldenen Becher" am Ring. Fünf von den zwanzig Monaten seiner kurzen Regierungszeit verbrachte er in der Stadt, die für diese Zeit zur Drehscheibe des Reiches wurde.

Lesen wir, wie ein Gesandter aus dem fernen Kastilien die für ihn so wunderliche kalte Stadt an der Oder erlebte:

Drei Tage vor Weihnachten gelangten wir nach Breslau, welches in Schlesien, am äußersten Ende von Deutschland liegt... Die Stadt ist sehr groß, größer als Sevilla, und sehr volkreich... Das Land ist so kalt... Sogar die Kamine und Öfen sind nicht imstande, genügende Wärme zu spenden. Aber es gibt eine andere Art Öfen; es ist ein Saal im Oberstock angelegt; unten wird geheizt, oben sind verschließbare Öffnungen und darüber Sitze, welche an der Oberfläche durchlöchert sind; der Mann sitzt auf dem Stuhl und öffnet den Verschluß; dann strömt ihm von dort Wärme zwischen den Beinen hindurch in den ganzen Körper.

Die Stadt ist so kalt, daß der Kaiser und die andern alle, um durch die Straßen zu fahren, sich auf ein Holzgerät ähnlich einem Dreschwagen setzen; ein Pferd, das nach dortiger Weise beschlagen ist, zieht das Gerät, und so lassen sie sich durch die Straßen schleifen. Niemand, der vermöglich ist, reitet zu Pferde, um nicht zu fallen. Die Straßen sehen infolge des starken Frostes wie Glas aus und deswegen gehen die Leute zu Fuß.

Capistrano, der Demagoge

Albrecht II. war nach Breslau gekommen, weil eine böhmische Minderheit nicht ihn, sondern den jüngeren Bruder des polnischen Königs gewählt hatte. Scharf traten die nationalen Gegensätze in Böhmen hervor. Für Breslau war es keine Frage, die deutsche Partei gegen die Hussiten zu ergreifen.

Da erschien 1453 eine wunderliche Gestalt in der Stadt. Vom Bischof und dem Rat gerufen, hielt der Franziskanermönch Johannes Capistrano mit dreißig Ordensbrüdern Einzug, ein Fanatiker und Demagoge, der mit wechselndem Erfolg schon im Süden des Reiches unterwegs gewesen war. Die Stadt Breslau überließ ihm ein Grundstück in der Neustadt. Dort errichtete er Kloster und Kirche St. Bernhardin.

Es ist erschreckend zu sehen, wie sich die Menge von Capistranos Reden aufputschen ließ, ohne doch ein einziges Wort zu verstehen. Er predigte auf dem Salzring in lateinischer Sprache. Sobald er geendet hatte, verlief sich das Volk, ohne erst die Übersetzung abzuwarten. Aber seine Gestik, seine Ausstrahlung müssen von hypnotischer Kraft gewesen sein. Am Sonntag Judica brachte er arm und reich, Männer und Frauen dazu, alles „Teufelswerk" herbeizuschleppen, Schmuck, Edelsteine und billigen Tand, Masken, Schleier, Spielkarten häuften sie auf und ließen alles in Flammen aufgehen.

Wie alle Volksverführer brauchte er einen Popanz, gegen den sich die Masse aufwiegeln ließ. Zuerst waren es die Juden. In einem wüsten Pogrom wurden 41 von ihnen gehängt, die anderen alle aus der Stadt vertrieben. Dann zog er gegen die Hussiten vom Leder und bereitete den Boden für den fanatischen, mit Vernunftgründen kaum zu erklärenden Kampf Breslaus gegen König Podiebrad.

Krieg dem König!

Dieser Georg von Podiebrad, ein böhmischer Edelmann und Hussit, aber gänzlich ohne religiösen Fanatismus, vereinigte Klugheit mit Ehrgeiz und zielbewußtem Machtstreben. Er hätte der Stammvater einer neuen böhmischen Dynastie werden können. An Breslaus Widerstand ist er letztlich gescheitert.

1448 hatte er die Staatsgewalt in Böhmen an sich gerissen, den Landtag in Prag bewogen, das königliche Erbrecht abzuschaffen zugunsten eines Wahlrechts; dann hatte er aber in kluger Zurückhaltung die Wahl des minderjährigen Sohnes Albrechts II., Ladislaus postumus, durchgesetzt.

In Breslau war man zufrieden, den rechtmäßigen König auf dem Thron zu sehen, empört aber über dieses Königtum von Gnaden hussitisch-tschechischer Barone.

Der Rat weigerte sich wiederholt, eine Gesandtschaft zur Huldigung nach Prag zu schicken. Den begreiflichen Zorn des jungen Königs besänftigte Podiebrad und riet zum Nachgeben. Tatsächlich erschien nun Ladislaus am 6. Dezember 1454 in Breslau mit großem Gefolge und ließ sich huldigen.

Nur schwer konnten die Breslauer ihren Triumph und ihre Feindseligkeit gegen die Gäste verbergen. Wie gereizt die Stimmung war, offenbarte sich beim festlichen Turnier auf der Sieben-Kurfürsten-Seite des Ringes. Unter den Augen der Fürsten war es zum Streit zwischen böhmischen und bayerischen Teilnehmern gekommen. Da waren Breslaus Stadtsöldner schnell bei der Hand, auf ihre Art zu schlichten. Das Eingreifen des Herzogs von Bayern konnte das Ärgste noch verhindern.

Podiebrad gab seine Zurückhaltung auf und hielt eine Strafrede. Der Rat mußte tief in die Kasse greifen, um die Kosten der königlichen Reise, die er selbst erzwungen hatte, mit Aufgeld zu bezahlen. Das machte Podiebrad in Breslauer Augen nicht sympathischer. Schlimm wurde es, als drei Jahre später aus Prag die Nachricht eintraf, der kaum 18jährige Ladislaus sei mitten in den Vorbereitungen zu seiner Verlobung gestorben. Der empörte Aufschrei „Mörder" gellte durch die Straßen, womit kein anderer als Podiebrad gemeint war.

Die böhmischen Stände wählten ihn zum König, ohne den schlesischen Fürsten auch nur Gelegenheit zu geben, sich zu der Wahl zu äußern. Während die schlesischen Fürsten unentschlossen blieben, selbst Bischof Jodokus Podiebrad zuneigte, blieb Breslau allein halsstarrig bei seiner Ablehnung, rüstete sogar allen Ernstes zum Kampf. Die städtische Streitmacht wurde auf Kriegsstärke gebracht, die Mauern verstärkt, für den Fall einer Belagerung der Vorratsspeicher auf dem Burgfeld gebaut.

Ein böhmisches Heer rückte an, dem sich ein Aufgebot der schlesischen Fürsten anschloß. Aber die Breslauer behaupteten sich. Das feindliche Heer zog unverrichteterdinge wieder ab.

Breslaus Aufsässigkeit schlug Wellen bis Rom. Der Papst suchte zu vermitteln. Er schickte Hieronymus Landi, Erzbischof von Kreta, und Franz von Toledo, Professor der Theologie, auf die beschwerliche Reise nach Breslau. Die Stadt bereitete ihnen einen glanzvollen Empfang, der tiefen Eindruck hinterließ:

Fünfhundert Reiter, darunter alle Hofleute und die Ritterschaft, ziehen den päpstlichen Legaten entgegen. Ein zweiter Zug von hundert Reitern, Ratsherren, Schöffen, den Ältesten, folgt. Dann die Zünfte, sechshundert Mann im Harnisch. Die Legaten auf ihren ärmlichen Maultieren wissen sich vor Staunen nicht zu fassen, als vor dem Nikolaitor nochmals viertausend Geharnischte zu ihrer Begrüßung angetreten sind. Sie wähnen die ganze Bevölkerung zu ihrem Empfang aufgeboten. Aber sie verlieren endgültig die Fassung, als sie das Tor durchschritten haben und ihnen das Volksgetümmel dahinter kaum noch ein Durchkommen erlaubt.

So nachhaltig beeindruckt, verhandelten sie in Prag. Und Podiebrad ging ohne Zögern auf die Wünsche der Stadt ein: Beendigung der Kampfhandlungen, Bestätigung aller Rechte und Freiheiten der Stadt, Erhaltung des katholischen Gottesdienstes, Vergebung für alle ihm durch die Stadt zugefügten Beleidigungen, Aussetzung der Huldigung für drei Jahre.

Aber das war noch lange nicht das Ende des Kampfes. In der Stadt gärte und brodelte es. Während den Rat die überstandene Gefahr zur Mäßigung bereit gemacht hatte, ihn die schlesischen Fürsten und der Bischof darin bestärkten, war der Bevölkerung der Erfolg zu Kopf gestiegen. Verhetzt von der niederen Geistlichkeit, erfüllt vom Haß gegen die hussitischen Ketzer und gegen alles Tschechische wurde jeder Gedanke an Nachgiebigkeit vom Pöbel niedergeschrien.

Die Stimmung und die Ereignisse jener Zeit hat der Breslauer Stadtschreiber Peter Eschenloer, ein gebürtiger Nürnberger, in zwei Büchern anschaulich und ungemein lebendig erzählt. Durch sein ganzes Werk zieht sich die Klage über die Unvernunft des Volkes, das zum Krieg drängt und die Stadt ins Unglück bringt.

Zum Kampf für den Papst und gegen Podiebrad trieb vor allem Landi, der Erzbischof von Kreta. Im Haus „Zum Goldenen Becher", gegenüber dem Eingang zum Schweidnitzer Keller, geriet er mit dem Bischof in einen handfesten Streit. Das lassen wir am besten Peter Eschenloer selbst erzählen:

Also kiefelten sie schwerlich miteinander, daß zuletzte Cretensis sagte zu Jodoco: „Du bist ein Gift des Vaterlandes und ein Stein der Schande."

Darauf antwortete im Jost den Spruch S. Pauli: „Die Cretenser sind allezeit Lügner, böse Tiere und träge Bäuche." Da stund auf Cretensis im Zorne, und schluge mit der Faust nach Josten.

Die Fürsten filen dazwischen und redeten nicht, sondern die Ratmannen understunden ferner, daß nichts geschah, und bestalten das Haus, daß kein Geschrei daraus keme. Wan der Schweidnize Keller nahende darbei und am Abend war; so darein das Geschrei were komen, wie dem Legaten Mißhandlungen were enpoten und geschehen, es möchte ein böses Spil worden sein.

Der trügerische Friede hielt nicht mehr lange. 1466 sprach der Papst über Georg von Podiebrad das Verdammungsurteil und entband damit alle Untertanen vom Treueid. Die Stadt wollte den Krieg. Und jetzt konnte auch der Bischof nicht mehr abseits stehen.

Die Breslauer und die bischöfliche Streitmacht zogen gemeinsam zu Felde, eroberten Münsterberg und Frankenstein, saßen dort aber plötzlich, vom böhmischen Heer eingeschlossen, in der Falle. Es sah böse aus, denn alles, was die Stadt an Heeresmacht hatte auf die Beine stellen können, fiel nach tapferer Gegenwehr den Tschechen in die Hände.

Aber noch einmal half das Glück. Podiebrad war in dem ungarischen König Matthias Corvin ein gefährlicher Widersacher erstanden, der mit Unterstützung des Papstes nach der böhmischen Krone strebte. Breslau hatte einen mächtigen Bundesgenossen bekommen. Aber es bestand kein Grund zu voreiliger Freude.

Matthias Corvin, Retter und Despot

1469 ließ sich Matthias Corvin in Olmütz zum böhmischen König wählen. Schon drei Wochen später erschien er in Breslau zur Huldigung. Der hartnäckige Kampf gegen Georg von Podiebrad war durchgefochten, aber die Stadt war finanziell am Ende. An Stelle des ungeliebten Tschechen bekam sie einen jungen, sehr viel härteren ungarischen Herrn. Den Unterschied sollte sie bald spüren.

Corvins Anspruch auf die böhmische Krone war keineswegs gesichert. Ein Teil des böhmischen Adels hatte Ladislaus, Sohn des Königs von Polen, auf den Thron gehoben. Polen versuchte mit Heeresmacht, Matthias Corvin zu vertreiben. Für Breslau war der Krieg mit seinen Schrecken noch lange nicht zu Ende.

Ein polnisches Heer zog vor die Stadt. Weitum war das Land verwüstet und ausgeplündert. Rief man aber gegen Plünderung und Gewalttat Matthias Corvin zu Hilfe, so hausten seine Ungarn um so schlimmer.

Die Stadt mußte ihren Traum von der Unabhängigkeit begraben. Der König kümmerte sich nicht im geringsten um ihre alten Rechte. Als sich der Rat beschwerte, bekam er von Corvins Bevollmächtigtem die klugen Worte zu hören:

Man muß Euch also behandeln, damit Ihr Euch künftig nicht untersteht, Königen ungehorsam zu sein, mit Königen zu kriegen und Könige Ketzer zu heißen. Dem Papst gebührt es, über Ketzer zu erkennen, nicht Euch Bauern von Breslau.

Das war eine neue Sprache. Von fern kündigte sich eine Zeit an, in der für selbständige Stadtrepubliken kein Platz mehr sein würde. Der Rat war klug genug, den Wandel zu erkennen. Er verzichtete fortan auf politische Ambitionen, gab 1478 seine fast hundertjährige Zugehörigkeit zur Hanse auf, besann sich vielmehr auf seine alten Tugenden. Man konzentrierte sich auf den Handel und pflegte seine weitreichenden Geschäftsbeziehungen. Ihnen hatte es Breslau zu danken, daß die geistigen Strömungen der Zeit nicht an der Stadt vorüberflossen, sondern ihr Leben immer neu befruchteten.

Reformation und Gegenreformation

Aufbruch in die Neuzeit

Matthias Corvin war im Frühjahr 1490 unerwartet gestorben. Der neue Herr auf Böhmens Thron, Ladislaus, ein polnischer Jagiellone, trug den Beinamen „König bene", weil er alles für „gut, gut" befand, wenn man ihn mit Problemen nicht bedrängte. Er ließ die Stadt Atem schöpfen.

Aber welch' neuer Wind fegte jetzt die alten Formen beiseite! Das Mittelalter war zu Ende. Humanistischer Geist bestimmte das Denken und Handeln, veränderte die Strukturen der Herrschaft, rüttelte am althergebrachten Glauben.

In Breslau hatte während der letzten Bauphase am Rathaus gotischer Überschwang noch einmal seinen ganzen Formenreichtum ausgegossen. Doch schon fand die neue Zeit weit geöffnete Türen. Früher als in Leipzig, Wien, London hatte sich 1475 eine erste Druck-Offizin dort niedergelassen. Das alte Privileg des Stapelrechts, dem doch die Stadt ihr wirtschaftliches Blühen verdankte, gab sie — freilich nicht ganz freiwillig — auf, ging zum Freihandel über und nahm schnell neuen Aufschwung.

Humanistisches Bildungsgut faßte Fuß und beflügelte zu dem Plan, eine Universität zu gründen. Der König bekundete dafür sein Wohlwollen. Doch als Prag und Krakau protestierten, auch die Geistlichkeit beim Papst intervenierte, fiel der schöne Plan in sich zusammen.

Um diese Zeit hat die Stadt den Gipfelpunkt ihrer Entwicklung erreicht. Wir wollen innehalten und einen Blick auf ihr äußeres Bild werfen. Aus dem Jahre 1512 gibt es eine genaue Beschreibung von Barthel Stein, fünfzig Jahre später entstand der erste Stadtplan.

Die Stadt hat rund 50 000 Einwohner. Sie gehört damit zu den fünf größten im Deutschen Reich. Symbol des Ranges, den sie sich selbst zumißt, ist das eben vollendete Rathaus. Eine staunenswerte Tatsache scheint es für den Chronisten zu sein, daß es mehr als sechzig steinerne Häuser gibt. Sie werden hauptsächlich am Ring und in der Albrechtstraße gestanden haben, aber sie hatten noch nicht die reichen Fassaden späterer Zeit.

Das alles überragende Bauwerk jener Tage war der Turm der Elisabethkirche, nicht nur Symbol städtischen Selbstbewußtseins, sondern auch Menetekel seines Sturzes: Beim Bau wollte die Bürgerschaft den gleichzeitig entstehenden Stephansturm in Wien an Höhe übertrumpfen. Wirklich verfehlte man dessen Höhe nur um wenige Meter. Aber die Konstruktion war mißglückt. Ein Orkan brach 1529 die ganze Spitze herunter, ohne daß Menschen zu Schaden kamen.

Es gab innerhalb der Mauern und auf den Inseln mehr als vierzig Kirchen, elf Klöster und drei Kollegiatstifte. Barthel Stein sagt, daß er dabei die an die großen Kirchen angebauten Kapellen nicht mitgezählt habe und erwähnt als Beispiel ausdrücklich „die für polnische Predigt bestimmte Kapelle bei St. Adalbert".

Die Adalbertkirche gehörte dem Dominikanerorden, der sich die Betreuung des polnischen Bevölkerungsteiles besonders angelegen sein ließ. Wenn bei solchem Kirchenreichtum nur in einer Seitenkapelle des Dominikanerordens polnisch gepredigt wurde, darf man darin vielleicht ein Indiz dafür sehen, wie gering der Anteil der polnischen Bevölkerung zu jener Zeit gewesen sein mag.

Der Fluß trieb viele große Mühlen und mußte mit seinem Wasser die Stadt versorgen. Fast jedes geistliche Stift besaß eine Odermühle zum Mahlen des Zinsgetreides, das die zum Stift gehörigen Dörfer anlieferten. Auch der Stadt gehörte eine Reihe von Mühlen an der Oder und die Sieben-Rade-Mühle an der Ohle. Im Handwerkerviertel zwischen Nikolaistraße und Oder klapperten an der Ohle viele kleine Walk-, Loh-, Brett-, Papier- und Schleifmühlen. Die Wasserversorgung aus dem Fluß machte komplizierte technische Vorrichtungen notwendig. Bei der heutigen Werderbrücke stand seit 1386 die „Große Kunst", in der ein fast 16 Meter hohes Schöpfrad an 450 Liter Wasser pro Minute in ein weitverzweigtes Röhrensystem leitete. Das reichte aber nur für die westliche Stadthälfte.

Stromauf wurde 1538 die „Matthiaskunst" gebaut. Sie benutzte an Stelle des Schöpfrades schon eiserne Kolbenpumpen, die über eine gekröpfte Welle von einem zehn Meter hohen Mühlrad angetrieben wurden. Die Matthiaskunst schaffte bis zu 700 Litern in der Minute.

Die Elisabethkirche. Dieser Stich zeigt den Turm ums Jahr 1500, bevor die hohe Spitze abbrach

Die Verwaltung der Stadt hatte in Jahrhunderte andauernder Übung feste Gestalt angenommen. Es herrschte eine kaum noch zu erschütternde aristokratische, auf äußere Formen bedachte Ordnung. Schon seit dem 14. Jahrhundert hatte der erste Ratmann, auch Ratsältester genannt, den Vorsitz. Sein Amt entsprach dem des späteren Oberbürgermeisters. Zumeist behielt er seine Stellung viele Jahre.

Interessant ist die traditionelle Ordnung der Ratssitzungen. Die Ratmänner saßen zu acht um einen quadratischen Tisch, an jeder Seite zwei. Neben den Sitzen des Ratsältesten und des zweiten Ratmannes war die kurze Schöffenbank für die ersten vier Schöffen angeschoben, die übrigen sieben Schöffen hatten auf der „langen Bank" Platz zu nehmen.

Breslaus Patrizier waren weltmännische Herren. Ihre Studienjahre pflegten sie im Ausland, vorzugsweise in Oberitalien, zu verbringen. Melanchthons und Luthers Gedanken fielen bei ihnen auf fruchtbaren Boden. Selbst Bischof Turzo begrüßte die Zeichen einer neuen Zeit.

Im Volk war auch nicht ein Hauch mehr von jenem katholischen Fanatismus zu spüren, den Capistrano heraufbeschworen hatte. Im Gegenteil: Die Unzahl meist ungebildeter Mönche und Nonnen, welche die Klöster bevölkerten, die vielen Altaristen, die aus ihren Ämtern so viel wie möglich Kapital schlagen wollten, das Ablaß-Unwesen erregten sogar im Domkapitel Abscheu.

Bischof Turzo untersagt das Einführen neuer Ablässe. Ein Ordensgeneral der Franziskaner gibt dem Rat auf Beschwerden die lakonische Antwort: „Habt ihr zu viele Mönche, so gebt ihnen nicht zu essen; sie werden schon von selbst weggehen."

Die Reformation in Breslau

So war der Boden für die Reformation bereitet. Breslau gab ihr als eine der ersten großen Städte Deutschlands eine feste Heimstatt. Der Mann, der dies bewirkte, war Johannes Heß, Sohn eines Nürnberger Patriziers. Nach Studienjahren in Leipzig und Wittenberg war er Sekretär des Bischofs Turzo geworden. 1519/20 verbrachte er zwölf Monate in Wittenberg in enger Gemeinschaft mit Luther und Melanchthon. Nach Schlesien zurückgekehrt und zum Priester geweiht, begann er öffentlich das Evangelium zu predigen.

Nachfolger des 1520 verstorbenen Bischofs Turzo wurde der Schlesier Jakob von Salza, durchaus kein Glaubenseiferer. Mit Duldsamkeit versuchte er, der lutherischen Bewegung die Spitze zu nehmen. Er sah frühzeitig die Gefahr der Kirchenspaltung, welche in der Konfrontation lag. So lange es nur anging, wollte er die Reformatoren als Reformer unter den Fittichen der katholischen Kirche halten. So wenig Widerstand fand die neue Lehre in Breslau, daß es weder zu nennenswerten Tumulten noch zu Gewalttätigkeiten kam.

Die Entscheidung fiel um die Magdalenenkirche. Dort muß sich die Pfarrei nach dem Tode des letzten Pfarrers in einem katastrophal vernachlässigten Zustand befunden haben. Der Rat versuchte, das Patronat der Kirche übertragen zu bekommen. Der Bischof hatte Verständnis dafür und schlug selbst vor, Johannes Heß als Priester zu berufen.

Davon hörte Heß, als er gerade in Nürnberg war. Er mußte seine Wahl zwischen St. Sebaldus in Nürnberg und der Magdalenenkirche in Breslau treffen. Martin Luther selbst wies ihn auf das Bibelwort hin, daß der Prophet wenig gilt im eigenen Lande: Er empfahl Breslau.

Jakob von Salza war bereit, die bischöfliche Investitur zu erteilen. Da erhob das Domkapitel Einspruch, und der Rat erhielt ein besorgtes Schreiben des Papstes, der die „berühmte Stadt Breslau" an ihren Widerstand gegen die Hussiten erinnerte und sie mahnte, die neue, schlimmere Ketzerei mit Stumpf und Stiel auszurotten. Das rührte die Breslauer nicht im geringsten. Wo des Bischofs Geschick hätte vermitteln können, fühlte sich die Stadt nun herausgefordert. Am 21. Oktober 1523 setzte der Rat aus eigener Machtvollkommenheit Dr. Johannes Heß als Pfarrer der Magdalenenkirche ein. Das war die Geburtsstunde der Reformation in Breslau.

Dem Domkapitel hatte der Rat in aller Deutlichkeit Bescheid geben lassen, es möge sich bescheiden, „widrigenfalls man Haare lassen würde, die Gemeinde sei gar sehr geneigt dazu". Und bei der bald folgenden Eheschließung eines Mönchs von St. Jakob mit einer

Nonne belehrte er das aufbegehrende Kapitel, er halte die Ehe für ein Sakrament und — obwohl ein ehrbarer Rat dieser Stadt weder einen Mönch noch eine Nonne zur Ehe ermuntert habe — er hielte es für besser, ein Mann hätte ein eheliches denn ein unehelich Weib. Das Kapitel verstummte, steckte sich aber insgeheim hinter den König von Polen. Dessen Intervention beschied der Rat kurz angebunden, er solle aufhören, sich um Dinge zu kümmern, die ihn nichts angingen — und der König tat's.

In der Magdalenenkirche wurde fortan evangelisch gepredigt, der römisch-katholische Ritus aber beibehalten. Den nächsten Schritt tat Heß mit der Einladung zu einer öffentlichen Disputation über die evangelischen Glaubenssätze. Mit Valentin Trotzendorf und Anton Rieger an seiner Seite stritt er im April 1524 in der Doro-theenkirche mehrere Tage lang mit fünf Dominikanern und Franziskanern. Selbstverständlich gab es weder Sieger noch Be-siegte. Doch der Rat fand sich bewogen, den Predigern in der Stadt vorzuschreiben, sie hätten künftig nur noch das Evange-lium rein nach der Schrift zu predigen.

Als es dem Rat wenig später gelang, auch das Patronat der Elisa-bethkirche in die Hand zu bekommen, waren alle Pfarrkirchen der Stadt — von den Klosterkirchen abgesehen — evangelisch; Bischof und Domkapitel hatten keine Gewalt mehr über sie. Die Oder war auch im übertragenen Sinn ein tiefer Graben gewor-den, der die evangelische Stadt von dem „Heiligen Bezirk" des Bischofs auf den Inseln schied.

Erst jetzt wagten es die Reformatoren Johannes Heß und Am-brosius Moibanus (erster evangelischer Pfarrer der Elisabethkir-che, Sohn eines Breslauer Schumachers), den katholischen Ritus ganz abzuschaffen. Beide Pfarrer traten in den Stand der Ehe.

Johannes Heß' Initiative verdankt die Stadt ihre älteste soziale Einrichtung: Weil die Klöster ihrer Aufgabe, Alte und Kranke zu versorgen, nicht mehr genügend nachkamen, hatte sich die Unsit-te eingebürgert, die Siechen vor den Kirchentüren abzulegen und sie der Barmherzigkeit der Kirche zu empfehlen. Heß trat — wie wir es heute nennen würden — in einen Predigtstreik, um die Stadt zu zwingen, sich der Kranken anzunehmen. So erreichte er die Stiftung des Allerheiligen-Hospitals, einer für jene Zeit vor-bildlichen städtischen sozialen Leistung.

Die Habsburger kommen

Über alledem haben wir die politischen Verhältnisse des böhmischen Königreiches aus den Augen verloren. Es genügt aber zu erwähnen, daß 1516 auf Ladislaus sein zehnjähriger Sohn Ludwig gefolgt war. Ehe er die Möglichkeit bekam, seine Kraft gegen die ihn umgebenden ungarischen und böhmischen Magnaten durchzusetzen, fiel er — erst zwanzig Jahre alt — im Kampf gegen die Türken. Das Jahr 1526 brachte mit der Thronbesteigung des Habsburgers Ferdinand I. die große politische Wende für ganz Schlesien. Das Land blieb für die nächsten zweihundert Jahre mit Böhmen und Mähren fest in das große Herrschaftsgebiet Österreichs und in das deutsche Kaiserreich eingebettet.

Sofort begann sich die hierarchische Ordnung des Wiener Staatswesens bemerkbar zu machen. Zuerst behutsam, dann immer stärker bekam der Rat zu spüren, daß ihm kein Weg mehr frei blieb für eine eigenständige Politik. Gegen Ende seiner Regierungszeit setzte Ferdinand I. einen Vicedomus in Breslau ein. Aus dem Amt wurde bald eine königliche Fiskal-Kammer, dann das königliche Oberamt als Verwaltungsspitze der Provinz.

Breslau hatte dem Regierungsantritt Ferdinands I. aus dem streng katholischen Haus Habsburg keineswegs mit großer Freude zugesehen. Sein ernstes Wort während der Huldigung in Prag, er könne nicht dulden, daß in Breslau von der Kirchenordnung abgewichen werde, hatten Breslaus Gesandte mannhaft abgewiesen: Sie wären zur Huldigung Ihrer königlichen Majestät erschienen, nicht aber zur Verhandlung so wichtiger Gegenstände, womit gänzlich zu verschonen sie untertänigst bäten.

Auch später erwies es sich, daß Ferdinands Appellen mit überlegter Standhaftigkeit wohl beizukommen war. Wort für Wort muß man hören, was die Stadt Breslau ihrem Herrscher von Gottes Gnaden aus dem Erzhause bei anderer Gelegenheit zu sagen wußte:

„Was die Glaubenslehren anbetreffe, so haben wir von unsern Predigern die Antwort erhalten, daß man dem Befehle Gottes vor allen Menschen gehorsam sein müsse…

Wir werden es nicht thun lassen, daß die Geistlichkeit den Wittwen und Waisen und armen Bauern ihren sauren Schweiß bis auf den letzten Heller ohne Erbarmung abdringen;

Zuletzt bitten wir alle, Ihre Majestät möge sich begnügen lassen, daß wir gehorsam sein wollen, so weit unser L e i b, G u t und L e b e n reicht. Allein da keine Kreatur sprechen mag zu unserer S e e l e n; ich habe Macht, dich in die ewige Verdammniß zu stoßen, denn allein Gott, so wollen Ew. Majestät uns in Glauben und Wort nicht so hartiglich verfassen, sondern uns zulassen und gönnen, wie Sie als ein christlicher König vor Gott schuldig sind, daß wir dem König geben, was dem König zugehört und Gott, was Gott von uns fordert."

Dies einem Habsburger, der die Grundsätze spanischen Despotismus mit der Muttermilch eingesogen hatte! Aber die Türken standen vor Wien, und es war nicht die Zeit, königlichen Zorn herauszukehren.

Die Türken vor Wien! Das schlug Wellen bis nach Schlesien. Der Fürstentag beschloß, eine Landwehr einzurichten. Breslau beeilte sich, seine Mauern zu verstärken, und entdeckte dabei, daß das Elbing-Kloster St. Vincenz gegen jede Regel der Kriegskunst — doch immerhin seit vierhundert Jahren schon — so nahe vor der Stadt lag, daß es einem Belagerer von hohem Nutzen sein konnte. Welch ein glücklich gefundenes Argument! Welche Möglichkeit, gegen Geistlichkeit und bischöfliche Macht aufzutrumpfen! Der Abbruch des Klosters aus Verteidigungsgründen ward beschlossen und mit solcher Hast ins Werk gesetzt, daß der verschreckte Klerus allen Ernstes fürchtete, man wolle in einem Zuge den ganzen Dombezirk einebnen.

Heinrich Rybisch, Kaiserlicher Rat und einer der ersten Befürworter des Abbruchs, sorgte immerhin dafür, daß ein spätromanisches Portal des Klosters von unschätzbarem kunsthistorischen Wert vor der Zerstörung bewahrt blieb. Er ließ es am Südportal der Magdalenenkirche einbauen. Wer es heute dort sieht, fragt sich, welche unersetzlichen Kunstschätze wohl bei diesem Zerstörungswerk noch vernichtet worden sein mögen. Das Stiftertympanon aus dem 12. Jahrhundert entdeckten polnische Wissenschaftler nach 1945 im Waffenarsenal auf dem Burgfeld. Die Bedeutung der zerstörten Bauten läßt sich erahnen, wenn wir hören, was Barthel Stein wenige Jahre zuvor vom Vincenzkloster und seinen beiden Kirchen geschrieben hat: „Ein Bau von alter Pracht mit ungeheuren Pfeilern aus einem Stein, mit Leibungen von herrlicher Bildhauerarbeit im Stile jener Zeit..." Überflüssig zu sagen, daß die Türken nie auch nur entfernt in die Nähe Breslaus gelangt sind.

Dreimal kam Ferdinand I. während seiner Regierungszeit nach Breslau und hielt sich stets länger dort auf. Die Stadt gefiel ihm sehr. Er ließ sie genau vermessen und fand heraus, daß sie — sogar ohne Dom- und Sandinsel — Wien an Umfang übertraf. Bei Audienzen soll er hin und wieder die Frage: „Kennt Ihr Breslau?" gestellt und bei Verneinung entgegnet haben: „Da habt Ihr keine schöne Stadt gesehen!"

Mit einem Kanal von der Oder zu Havel und Elbe wollte er Breslau einen Schiffahrtsweg zur Nordsee öffnen. Doch die Anfänge des „Kaisergrabens" fielen wieder zusammen, als auf brandenburgischer Seite nichts geschah.

Noch einmal war Breslau unter Maximilian II. eine Periode ungestörten wirtschaftlichen und kulturellen Aufschwungs vergönnt. Der Kaiser war in Glaubensfragen tolerant. Bei seinem Huldigungsbesuch empfing er die evangelischen Pfarrer zur Audienz. Auf dem Breslauer Bischofsstuhl saß mit Caspar von Logau ein gebildeter und keineswegs fanatischer Mann. Die Verhältnisse schienen sich zu konsolidieren.

Der Große Krieg

Je fester aber der neue Glaube Wurzeln schlug, desto härter traten auch die Gegensätze zu Tage. Es war abzusehen, daß sich die katholische Kirche zum Gegenangriff formieren würde.

Noch herrschte tiefster Friede; doch der Rat der Stadt begann, sich der Befestigungen zu entsinnen. Sie waren in der langen Friedenszeit veraltet. Den Verantwortlichen ging auf, daß die ganze Nordfront der Stadt unbefestigt, nur vom Oderstrom gedeckt war. Umgehend machte man sich ans Werk, zog eine lange Mauer mit Befestigungstürmen entlang dem Ufer von der Wasserkunst im Westen über die kaiserliche Burg bis zur Mündung der Ohle. Dort gerade gegenüber dem Dom wurden Erde und

Ziegel zu einer hohen Eckbastion zusammengekarrt, daß der Herr Bischof in seinem Palais herüberstaunte:

„Was, wollen die Herren Breslauer den Zobtenberg dahin bauen?" Es entstand die Ziegelbastion — die spätere Holteihöhe — und jedem war klar, worauf das hinauswollte: Die Stadt der Reformation verschanzte sich gegen ihren „Heiligen Bezirk", gegen einen möglichen Angreifer, der die Unterstützung der Kirche haben würde.

Mit dem Prager Fenstersturz begann 1618 der Dreißigjährige Krieg. Die Stadt Breslau, auf Gedeih und Verderb an Böhmens Schicksal gebunden, jubelte über die Prager Königswahl, die Friedrich V. von der Pfalz auf den Schild gehoben hatte. Der „Winterkönig" kam im Februar 1620 zur Huldigung nach Breslau, der erste König, der nicht zum Dom ritt, sondern vor St. Elisabeth vom Pferd stieg und hier dem Gottesdienst beiwohnte.

Aber das Blatt wendete sich schnell. Im Dezember kam Friedrich von der Pfalz zum zweiten Male, nun als Flüchtling nach der verlorenen Schlacht am Weißen Berge. Er floh weiter nach Berlin. Schlesien aber hatte das unschätzbare Glück, während der nächsten zehn Jahre am Rand des Geschehens zu bleiben.

Allerdings hinderte auch niemand die katholische Macht daran, mit allen Mitteln der Gewalt gegen den Protestantismus vorzugehen. Unrühmliches Verdienst erwarb sich dabei der Präsident der königlichen Kammer, Graf Dohna. Seine Liechtensteinischen Dragoner, gefürchtet und gehaßt wegen ihrer Brutalität, hießen bald im ganzen Land die „Seligmacher", und Dohna konnte sich brüsten, ohne Predigt Tausende von Ungläubigen bekehrt zu haben.

Hoffnung regte sich für die Sache der Protestanten, als Gustav Adolf den Kriegsschauplatz betrat. Aber schon zeigte die entsetzlich grausame Zerstörung Magdeburgs durch kaiserliche Truppen, was zu gewärtigen hatte, wer sich allzu offen für eine der beiden streitenden Parteien entschied. Da war es klüger, noch einmal die vergilbten Privilegien hervorzuholen und auf Breslaus längst bröckelig gewordene Souveränität zu pochen.

So geschah es, als 1632 nach einem Gefecht bei Steinau zuerst die geschlagenen Kaiserlichen, wenige Tage später die siegreichen

Eine Breslauer Ratssitzung im Jahre 1658

Schweden anrückten. Beide Heere lagerten unter den Wällen und begehrten Einlaß.

Was aber tat die Stadt? Sie erklärte sich neutral.

Seltsam muten uns heute die Verhandlungen mit dem Heer des Kaisers, ihres rechtmäßigen Herrn, an, in denen der Rat zwar beteuerte, mit dem Kaiser leben und sterben zu wollen, gleichzeitig aber jede Hilfe — und sei es nur die Überlassung von Proviant — kategorisch ablehnte.

Die Kaiserlichen zogen ab, die Schweden hielten lange Zeit die Dominsel besetzt. Ihre Taten dort waren nicht geeignet, ihnen im protestantischen Breslau sonderliche Sympathien zu gewinnen.

Breslaus feste Mauern und Wälle im Verein mit der zurückhaltenden Politik des Rates hielten der Stadt auch in den folgenden Jahren die unmittelbaren Schrecken des Krieges fern. Um so schlimmer hauste die Pest, dezimierten Hungersnöte die Bevölkerung.

Der Westfälische Friede machte dem schier endlosen Krieg ein Ende. Der Stadt Breslau bestätigte das Friedenswerk ihre „vor dem Kriege erhaltenen Rechte und Privilegien" und die „Ausübung der evangelischen Religion". Die Orte des Fürstentums Breslau aber wurden bald zwangsweise in den Schoß der katholischen Kirche zurückgeführt.

Hauptstadt deutscher Poeterey

Breslau erholte sich schnell, hatte wenige Jahrzehnte später seine alte Geltung wiedergewonnen und erlangte erstmals als geistiges Zentrum Bedeutung für ganz Deutschland. Die Stadt sah sich als Heimat der bedeutendsten zeitgenössischen Dichter.

Martin Opitz, geboren in Bunzlau, Schüler des Breslauer Magdalenen-Gymnasiums, hatte bereits 1624 sein „Buch von der deutschen Poeterey" in Breslau geschrieben, das als richtungweisendes Werk der Literatur-Theorie seinen Nachruhm bis auf unsere Zeit begründet hat. Er hat der neueren deutschen Dichtung den Weg bereitet, nicht nur mit dem Aufstellen von Regeln, sondern auch mit seinem Aufruf, sich der „unverfälschten" Muttersprache zu bedienen.

Zu leicht wird über dem Theoretiker der Dichter Martin Opitz vergessen, dessen „Trostgedichte in Widerwärtigkeit des Krieges" noch heute ergreifen. In seiner „Schäfferey von der Nimfen Hercinie" wird die schlesische Landschaft, das Riesengebirge mit dem Berggeist Rübezahl lebendig.

Noch enger verbunden mit Breslau war Johannes Scheffler, 1624 in der Stadt als Sohn eines aus Krakau zugewanderten Deutschen geboren. Er besuchte gemeinsam mit Andreas Scultetus (Scholtz) das Elisabeth-Gymnasium, studierte in Straßburg, Leyden und Padua. 1653 kehrte er nach Breslau zurück. Hier trat er zum katholischen Glauben über, wurde Hofmarschall des Bischofs. Sein Leben beschloß er zurückgezogen im Matthiasstift der Herren vom Roten Stern.

Unvergänglich lebendig geblieben ist seine Spruchdichtung „Der Cherubinische Wandersmann", die er unter dem Namen Angelus

Silesius veröffentlichte. Seine Verse sind von einer innigen Gottesgewißheit erfüllt, die weit über irdischem Religionenstreit steht.

Gott ist in mir das Feuer und ich in ihm der Schein: Sind wir einander nicht ganz inniglich gemein?

Oder seine kühne Vorstellung von der Abhängigkeit Gottes vom Menschen:

Ich weiß, daß ohne mich Gott nicht ein Nu kann leben; Werd' ich zunicht, er muß vor Not den Geist aufgeben.

Sein Lied „Mir nach, spricht Christus unser Held" singen Katholiken so gut wie Protestanten.

Von ganz anderer Art war Christian Hofmann von Hofmannswaldau (1617 bis 1679), ein Begriff in der deutschen Literaturgeschichte, aber kaum jemand kennt heute seine Werke. Er war ein Lebemann von weltmännischem Schliff, bekleidete hohe Ämter, vertrat die Stadt in diplomatischer Mission, wurde schließlich Ratspräses. Er muß das Ansehen eines wahren Dichterfürsten genossen haben.

„Der große Pan ist tot...", so begann Casper von Lohenstein seine Grabrede auf ihn. Auch Lohenstein war Schlesier, geboren in Brieg, Schüler des Magdalenen-Gymnasiums in Breslau, später Syndicus der Stadt, kaiserlicher Rat und „der glanzvollste und vielseitigste Vertreter der schlesischen Dichtung, der die dramatische Erbschaft von Gryphius antrat" (Newald).

Woher der plötzliche literarische Ruhm in dieser Stadt der Kaufherren?

Da mögen einmal Wesenszüge, die im Charakter des schlesischen Stammes liegen, mit sinnesverwandten Zeitströmungen zusammengeflossen sein; zum anderen darf man nicht übersehen, daß in keiner Biographie dieser bedeutendsten Vertreter der deutschen Dichtung im 17. Jahrhundert eines der beiden Breslauer Stadtgymnasien fehlt. Was könnte besser für das hohe Niveau des damaligen Schulwesens in Breslau zeugen?

Seit 1570 gab es — und das ist eine seltene Ausnahme bei Lateinschulen dieser Zeit — eine Schulordnung, die „inn deutscher Sprache schrifftlich gefasset" war. Die Stoffpläne gingen weit über das gewöhnliche Schulpensum hinaus, erfaßten Philosophie, Theologie und Ethik, ebenso wie Mathematik und Jurisprudenz.

Die Universität — Siegesfanal der Jesuiten

Der Rat hatte allen Grund, den Schulen besondere Aufmerksamkeit zuzuwenden, denn inzwischen hatte der Jesuitenorden in Breslau Fuß gefaßt. Von der kaiserlichen Autorität ermuntert, leistete er Bewundernswertes im Erziehungswesen und gewann so dem katholischen Glauben verlorenen Boden zurück.

Nichts hätte die Absicht des Wiener Hofes besser verdeutlichen können als die Schenkung der kaiserlichen Burg an den in der Stadt unbeliebten Orden.

Zunächst begnügten sich die Patres damit, in dem alten Gemäuer einige Schulräume einzurichten; dann begannen sie mit dem Bau eines prächtigen Gotteshauses, der heutigen Matthias-Kirche. Doch ihr Ziel verloren sie nicht aus dem Auge: die Gründung einer Universität.

Trotz des erbitterten Widerstandes der Stadt unterzeichnete Leopold I. am 21. Oktober 1702 die Stiftungsurkunde der „Universitas Leopoldinae Wratislaviensis". Sie war beschränkt auf die Fakultäten Theologie, kanonisches Recht, Philosophie und Freie Künste. Die alten Räume der Burg reichten nun nicht mehr aus. Sie mußten einem Neubau weichen. Zwar kämpfte die Stadt verbissen um jeden Meter Boden, den sie für die Universität hergeben sollte. Aber gegen die Macht des Fürstbischofs Franz Ludwig, der ein Onkel des Kaisers in Wien war, kam sie nicht an. Vom Jahre 1728 an entstand das neue Universitätsgebäude, das wir heute zu den bedeutendsten Barockbauten des Ostens zählen.

So bedrückend das letzte Jahrhundert der habsburgischen Herrschaft auch für den Protestantismus gewesen sein mag, es hat dem ganzen schlesischen Land eine Fülle der schönsten Bauwerke beschert. In Breslau schob sich zwischen die ernsten Kirchen der Gotik ein Band beschwingter Barockbauten von der Universität über das Prämonstratenserkloster an der Sandbrücke bis hin zu den Kapellen am Dom.

Wie ein Rausch muß die Lust am Bauen auch die Bürgerschaft erfaßt haben. Ihre Häuser entstanden ganz neu oder bekamen doch neue Fassaden mit schwungvollen Giebelaufbauten. Drei besonders schöne Bürgerbauten aus dieser Zeit sehen wir heute am Blücherplatz Nr. 4, Schmiedebrücke Nr. 12 und Ring Nr. 18.

Politische Veränderungen am Anfang des 18. Jahrhunderts brachten Breslaus Handel empfindliche Einbußen. Die Personalunion Sachsens mit Polen schnürte die Stadt vom polnischen Handel ab, während die Gründung Petersburgs als russischer Ostseehafen den Verkehr mit Rußland auf dem Landweg bedeutungslos machte.

Da auch die Kaiserliche Verwaltung die Zügel straffer anzog, aber für den wirtschaftlichen Niedergang keinen Ausgleich bieten konnte, begann die Stadt nach Norden zu schauen, zu dem jungen, von einem lebendigen Willen getragenen, evangelischen Staat Brandenburg-Preußen.

Friedrich und Napoleon

Die Stunde Preußens

Was Friedrich II. von Preußen am Ende des Jahres 1740 nach Schlesien greifen ließ, waren gewiß nur zum geringsten Teil die alten Erbansprüche der Hohenzollern, war vielmehr die Gunst der Stunde, das Verlangen, sich „einen Namen zu machen", war auch die Gewißheit, im Lande Bereitschaft und Entgegenkommen zu finden. Und das Land fiel ihm zu wie eine reife Frucht.

Der ehedem so stolze Sinn des Breslauer Magistrats hatte sich während der österreichischen Herrschaft verflüchtigt. Beim Einmarsch der Preußen ging der letzte Rest alter Städteherrlichkeit sang- und klanglos unter. So blamabel, wie es wirklich geschah, hätte es freilich nicht ablaufen dürfen, denn zwei Ohrfeigen genügten, die Stadt zum ersten Mal nach fünfhundert Jahren zu erobern.

Bei Friedrichs Annäherung hatte der Breslauer Rat wieder sein altes „Jus praesidii" hervorgeholt: Die Stadt wollte sich selbst verteidigen; Österreichs Soldaten hatten draußen zu bleiben.

Mit dem Preußenkönig schloß die Stadt einen „Neutralitätsvertrag" und bewillkommnete ihn aufs herzlichste, als er am 3. Januar 1741 einritt, ohne seine Truppen, nur von einer persönlichen Bedeckung begleitet. Trotz heftigen Schneegestöbers war er nicht müde geworden, seinen Dreispitz nach allen Seiten grüßend in der Hand zu schwenken.

Wie er selbst die Sache sah, zeigt ein Bericht, den er wenige Tage später nach Berlin sandte, worin er augenzwinkernd von der „K a - p i t u l a t i o n oder vielmehr Konvention" sprach, welche Breslau unterzeichnet habe.

Nach der siegreichen Schlacht bei Mollwitz, wenige Monate später, brauchte er auf Breslaus Eigenwilligkeiten keine Rücksicht mehr zu nehmen. Er zitierte im August alle maßgebenden Männer der Stadt unter dem Vorwand verräterischer Konspiration mit Wien in sein Hauptquartier. Unterdessen versammelte der Alte Dessauer ein Korps vor der Stadt und verlangte den Durchmarsch eines Detachements vom Nikolai- zum Sandtor. Das sollte nach den Statuten des Neutralitätsvertrages kompanieweise unter Bewachung durch die Stadtmiliz geschehen. Aber es kam anders:

Um sechs Uhr morgens reitet Stadtmajor von Wittgenau vors Tor und sieht an die 2000 Preußen marschbereit dort stehen. Gutgläubig setzt er sich an die Spitze der voranreitenden Offiziere und führt sie durchs Tor die Nikolaistraße hinauf. Eine Koppel Bagagepferde folgt, die erste Kompanie schließt sich an. Als die nächste anrückt und ein Torwächter aufbegehrt, bringen ihn zwei schallende Ohrfeigen zur Räson.

Ganz zufällig ist zur gleichen Minute ein Bagagewagen am Sandtor so maßgerecht zusammengebrochen, daß sich die Zugbrücke nicht bewegen läßt. Preußische Soldaten eilen in hellen Scharen sogleich zur Hilfe herbei.

Dann ist kein Halten mehr: Die Wälle entlang stürmen Dragoner und Grenadiere um die Stadt herum, besetzen alle Tore, ehe noch der Herr Stadtmajor die Nikolaistraße ganz hinauf zur Elisabethkirche gekommen ist, das beruhigende Getrappel der Bagagepferde immer hinter sich.

Der Gute ahnt nicht, was in seinem Rücken wirklich vorgeht. Erst an der Ecke Herrenstraße wendet er sich um. Aber da kommt ihm von der Oder her Feldmarschall Schwerin entgegengeritten, herrscht ihn an, er solle seinen Degen wegstecken und sich nach Hause scheren.

44

Um halb sieben ist alles vorbei, Breslau fest in preußischer Hand.

Bald darauf endete der Erste Schlesische Krieg mit dem „Frieden von Breslau", in dem Maria Theresia sieben Achtel Schlesiens und die Grafschaft Glatz verlor.

Breslau wurde mit preußischer Gründlichkeit jegliche Selbständigkeit genommen. Den Ratsältesten ersetzte ein Direktor. Der König verlangte jährlich eine peinlich genaue Abrechnung der städtischen Einnahmen und Ausgaben. Die „Preußische Kriegs- und Domänenkammer" zog die Steuerschraube energisch an. Erneuert wurde die Oberamtsregierung, nun freilich mit preußischen Beamten besetzt.

Abrupt waren die vielfältigen Handelsbeziehungen zu Böhmen und zum mitteleuropäischen Südostraum abgeschnitten. Sie ließen sich nicht so leicht durch neue Verbindungen ersetzen. Es gab manch spürbare Verschlechterung. Aus Berlin kamen neue Herren und schauten von oben auf die Provinzler herab. In Breslau rieb man sich die Augen und mochte sich noch gar nicht der preußischen Gangart anbequemen. Da wollte es nicht viel besagen, daß sich der König bei häufigen Besuchen in der Stadt weltmännisch und umgänglich zeigte. Er erwarb das Palais der Familie Spaetgen in der Karlstraße und ließ es zu seinem Stadtschloß ausbauen. Der Verleger Johann Gottlieb Korn erhielt das Privileg für eine Zeitung, die als „Schlesische Zeitung" mehr als zweihundert Jahre Bestand haben sollte.

Ohne große Ereignisse für Breslau ging der Zweite Schlesische Krieg vorüber. Noch einmal verstrichen zehn Jahre, dann sammelte Maria Theresia die „Große Koalition" gegen Preußen. Dem kam Friedrich zuvor. Es begann der Siebenjährige Krieg.

Im November 1757 geriet Breslau in den Brennpunkt der Geschehnisse, als ein österreichisches Heer in Schlesien einfiel und vor Breslau rückte.

Zwischen den Dörfern Kosel und Gräbschen empfingen dies Heer 28 000 Preußen unter dem Herzog von Bevern. Am 22. November, 3 Uhr früh, noch in finsterer Nacht, begann die „Schlacht vor Breslau". Sie tobte mit endlosen Kanonaden und Sturmversuchen bis wieder tief in die Nacht hinein.

Die Preußen hielten stand. Aber zum Schluß verlor Bevern die Ner-
ven, zog mit seiner Armee durch das stumme und dunkle Breslau
über die Oder, verschwand bei Nacht mit den Truppen und ver-
schwand am nächsten Morgen auch in persona bei einem Erkun-
dungsritt im Nebel der Oderniederung, von wo ihn eine österreichi-
sche Patrouille als Gefangenen nach Wien brachte.

Breslau bekam eine österreichische Besatzung. Die habsburgisch
gesinnte Partei jubelte — zu voreilig, wie sich bald herausstellte.

Am 3. Dezember war Friedrich mit dem Hauptheer schon auf
fünfzig Kilometer herangerückt. In Parchwitz bei Liegnitz hielt er
seine berühmt gewordene Ansprache an die Generale:

„...ich werde gegen alle Regeln der Kunst die beinahe dreimal
stärkere Armee des Prinzen Karl angreifen, wo ich sie finde... Ich
muß diesen Schritt wagen oder es ist alles verloren; wir müssen den
Feind schlagen oder uns alle vor seinen Batterien begraben lassen.
So denke ich — so werde ich handeln."

Zwei Tage später tobte um das Dorf Leuthen, zwischen Breslau
und Neumarkt gelegen, die große Schlacht, die des Preußenkö-
nigs Ruhm als genialen Feldherrn wie keine andere festigte.
Sage und Anekdote knüpfen sich daran: wie die Soldaten bei
hereinbrechender Nacht den Choral „Nun danket alle Gott" an-
stimmen, wie der König den Wirt des Gasthofs von Saara mit
seiner Laterne herbeibefiehlt, damit er ihm nach Lissa voran-
leuchte, wie der König beim Eintritt in das Lissaer Schloß das
Haus voll österreichischer Offiziere findet, sie gelassen fragt, ob
er hier noch unterkommen könne, daß es den Herren die Sprache verschlägt und sie keine Anstalten machen, den Preußenkönig gefangenzunehmen.

Die Preußen zogen vor Breslau. Der österreichische Stadtkom-
mandant ließ an mehreren Stellen in der Stadt Galgen errichten,
daran er jeden aufzuknüpfen versprach, der von Übergabe reden
würde. Zwei Wochen später aber zwangen ihn seine Offiziere, die
Übergabe anzubieten. Von Aufknüpfen war da nicht mehr die
Rede. Breslau wurde wiederum preußisch.

Tauentzien und sein Sekretär

War das österreichische Zwischenspiel in Breslau auch kurz gewesen, so hatte es den König doch gewarnt. Er suchte einen zuverlässigen Kommandanten für die Stadt und fand ihn in Friedrich Boguslaw von Tauentzien.

Schon im Sommer 1760 bekam Tauentzien Gelegenheit, seine Bewährungsprobe zu bestehen, als ein österreichisches Heer unter Laudon und die Russen fast gleichzeitig gegen die Stadt marschierten. Der Wiener Hof erwartete von Laudon, daß er sie vor den Russen in die Hand bekäme, denn er rechnete ganz richtig damit, daß man die Tore lieber den Österreichern als den Russen öffnen werde.

Laudon also hatte Eile. Nach einer kurzen, aber heftigen Kanonade, der unter anderem das prächtige Hatzfeldt-Palais mit wertvollen Kunstschätzen zum Opfer fiel, forderte er zur Übergabe auf. Sein Unterhändler malte die Schrecken einer gewaltsamen Eroberung drastisch aus: Weder Säuglinge noch Schwangere werde man verschonen.

„Ich und meine Soldaten sind nicht schwanger", soll Tauentziens unwirsche Antwort gewesen sein.

Zwei Tage später gab Laudon die Belagerung auf. Ein preußisches Heer unter Prinz Heinrich war noch vor den Russen eingetroffen, die Gefahr vorüber.

Tauentzien war bei einem Scharmützel vor dem Schweidnitzer Tor selbst in Gefahr geraten. Diese Stelle hatte er zu seiner künftigen Begräbnisstätte bestimmt. Dort wurde er später auch bestattet. Kein Geringerer als Carl Gotthard Langhans hat das Denkmal geschaffen, Schadow entwarf den Sarkophag und das Medaillonbild des Generals. Daß das Denkmal später eine würdige Umgebung erhielt und ein Wahrzeichen der Stadt werden konnte, ist das Verdienst von Napoleons Bruder Jérôme Bonaparte; doch davon später.

Tauentzien hatte einen berühmten Sekretär: Gotthold Ephraim Lessing war bald nach der Verteidigung Breslaus 1760 in die Dienste des alten Generals getreten. Den trockenen Schreibstubendienst empfand er als Fron; aber er bekam eine Welt zu sehen, die ihm bis dahin verschlossen geblieben war. Offiziere und einfache Soldaten, ihr Verhältnis zum Bürgertum, ihre Sorgen am Ende des Krieges, das beschäftigte ihn, verdichtete sich zum literarischen Stoff. Im Frühjahr 1763 brachte er viele Morgenstunden auf der großen Oderinsel, dem Bürgerwerder, zu. In einem Gartenpavillon unter schattigen Bäumen schrieb er sein Lustspiel „Minna von Barnhelm".

Wenige Monate nach der Erstaufführung, 1767 in Hamburg, gab man das Stück auch in Breslau. Die Stadt besaß im „Ballhaus" an der Breiten Straße in der Neustadt seit Anfang des 18. Jahrhunderts ein festes Theatergebäude. Noch vor dem Ersten Schlesischen Kriege hatte es dort glanzvolle Aufführungen italienischer Opern gegeben. 1754 zog man in einen Neubau an der Taschenstraße um, vom Volksmund — zutreffend oder nicht — die „Kalte Asche" genannt nach einer dicht daneben liegenden kleinen Gasse. 1798 etablierte sich ein von den Bürgern getragener „Theateraktienverein", der es der Bühne ermöglichte, während des ganzen Jahres zu agieren. Seine Statuten enthielten ganz präzise Intentionen des Theaters als „moralische Anstalt", man wollte mehr als nur Unterhaltung bieten.

Neues Bauen: C. G. Langhans

Ein neuer Geist war mit dem Preußenturm ins Land gezogen und fand sogleich Ausdruck in neuen Formen der Architektur. Ein junger schlesischer Architekt — ganz im Banne des klassizistischen Kunstideals — begründete hier jenen Baustil, der in seiner Sparsamkeit und Strenge heute als die Verkörperung preußischer Lebenshaltung gilt.

Carl Gotthard Langhans, geboren 1732 in Landeshut, hatte als Zweiunddreißigjähriger den Auftrag erhalten, das Palais des Grafen Hatzfeld in der Albrechtstraße neu zu erbauen, das während der Beschießung 1760 in Flammen aufgegangen war. Er errichtete einen klassizistischen Prachtbau von monumentaler Würde, der seinen Schöpfer mit einem Schlage berühmt machte.

Er bekam Gelegenheit, sein Können in Breslau vielfältig unter Beweis zu stellen. Einziges erhaltenes Zeugnis dafür ist heute nur noch das Haus Pachaly auf dem Roßmarkt. 1788 wurde Langhans nach Berlin berufen. Von seinen vielen Bauten in der Fol-

Das Bürgerwerder im 18. Jhdt.

gezeit hat vor allem das Brandenburger Tor eine die Zeiten überdauernde Symbolwirkung behalten.

Langhans' Sohn Carl Ferdinand hat in Breslau das neue Stadttheater, die Alte Börse am Salzring, die Elftausend-Jungfrauen-Kirche und für sich selbst ein repräsentatives Wohnhaus an der Sandbrücke errichtet.

Immer schneller wandelte sich das Bild der Stadt. Es gab die ersten Ansätze eines Wachstums über die Stadtgrenze hinaus. Die Vorstädte dehnten sich entlang der Ausfallstraßen. Im Nordosten, wohl eine Stunde vor der Stadt, legte die Familie Hohenlohe einen Englischen Garten an, den „Scheitniger Park". Offensichtlich vom Geist der französischen Revolution beflügelt, kam es im Jahre 1793 zur „Breslauer Schneiderrevolte", die wie eine Komödie begann, aber blutig endete.

Ein Schneidergeselle war eingelocht worden, weil er gegen die Zunftordnung verstoßen hatte. Eine Abordnung, die für ihn bitten sollte, sperrte der Magistrat kurzerhand wegen ungebührlichen Benehmens ein. Darauf erschienen 130 Zunftgenossen zum Protest im Rathaus. Sie wanderten hinter Gitter wie ihre Vorgänger. Zweihundert Schneidergesellen waren nun in der ganzen Stadt noch „übrig". Als sie kategorisch verlangten, auch ins Gefängnis geführt zu werden, erfüllte der Magistrat ihre Bitte ungerührt ebenso.

Aber nun traten die Gesellen aller übrigen Zünfte in den Ausstand. Die Obrigkeit wurde unsicher. Sie versprach, den inzwischen nach Ungarn ausgewiesenen Schneider, um den sich die ganze Affäre entzündet hatte, zurückzuholen und zu rehabilitieren. Aber jetzt spürten die Rebellen, daß sie Oberwasser bekamen. Man rottete sich zusammen, brach die Gefängnisse auf und feierte die Befreiung mit Jubel und Exzessen.

Als die Menge schließlich auch das Militär angriff, kam es zu einem schlimmen Gemetzel an der Schmiedebrücke, wo ein an der Ecke zum Ring aufgestelltes Geschütz in die Menge feuerte, bis ein beherzter Bürger sich vor die Kanone stellte und rief: „Um Gottes willen, hört auf oder erschießt mich zuerst!"

Der Tumult war damit zu Ende, aber er hatte 53 Menschen das Leben gekostet.

Die Franzosenzeit

Nur ein paar Jahre dauerte es noch, bis der Kanonendonner aus Frankreich näher rückte. Ruhmlos war am 14. Oktober 1806 die preußische Armee bei Jena untergegangen. Wenige Wochen später erschienen die Vortrupps des französischen Heeres in der Nikolai-Vorstadt. Anfang Dezember begann die Belagerung und zwang die Breslauer, das Weihnachtsfest 1806 in den Kellern zu verbringen. „Der Himmel war unten!" Karl von Holtei — zu jener Zeit knapp elf Jahre alt — erzählte später, wie er die Beschießung in den Kellern des Hatzfeldt-Palais erlebte:

„In die Keller!" riefen alle Stimmen.

Um aber in die Keller zu gelangen, mußte man einen, wenn auch kleinen Hofraum passieren. Noch hatte ich nicht die Mitte des Hofes erreicht, als eine alte dicke Mutterbombe mir zur Rechten in den Holzstoß fuhr, der unsere Fenster schützte. Schwere Kloben flogen um mich her wie Mücken. Ich blieb bei Besinnung, doch war ich wie gebannt; der Schreck hatte mich festgezaubert. Und eine zweite Bombe fiel vor meinem Angesicht nieder und machte sich im Steinpflaster des Hofes ein Bett, wie eine Henne, die sich im Sande badet. Den Zunder sah ich lustig glimmen, die andere hörte ich im Holze rumpeln. Und krach, krach, wie man eins zwei sagt, platzten beide Bomben, und ein Stück gegen die Stalltür, daß es ein Loch gibt wie einen Pferdekopf.

Der ganze Keller war bewohnt; wer sich nur hatte einschleichen können, war mit einem Gebündel Betten eingerückt. Nun ging ein lustiges Leben an: es war ein Biwak unter der Erde. Jeder richtete seine Haushaltung ein; Bretter bildeten die Grenzen, Fässer und Tonnen waren Stühle und Tische, eine Laterne der Kronleuchter. Der Freund besuchte den Freund in seinem Verhau; zum Tee, zum Kaffee lud dieser jenen ein. Wo alle Lebensmittel herkamen, weiß ich nicht zu erklären; aber so lange ich lebe, habe ich nicht so viel Speise und Trank vertilgen sehen als damals. Im tiefsten Hintergrunde entdeckten kühne Wanderer den Weinkeller des Ministers, der nur durch Lattenverschläge gedeckt war. „Wer weiß, ob wir morgen noch leben? ob morgen die Stadt noch steht?" Zwei Nägel wichen, und die Flaschen gingen von Hand zu Hand.

Im Januar kapitulierte die Festung. Prinz Jérôme Bonaparte zog in Breslau ein. Die wochenlange Beschießung hatte schwere Schäden verursacht. Und doch erscheint uns heute die Verlustliste unbedeutend: 130 Zivilisten und 37 Soldaten waren getötet, 150 Häuser innerhalb der Mauern beschädigt oder zerstört.

Napoleon hatte angeordnet, die Befestigungen unverzüglich zu schleifen. Schon drei Tage nach der Kapitulation begann das große Werk unter tätiger Mithilfe der Einwohnerschaft. Die Mauern wurden abgetragen, Wälle und Bastionen eingeebnet. Später erhielt die Stadt das Festungsgelände geschenkt. Es entstand der Plan, hier einen Promenadengürtel anzulegen.

Nach dem tiefen Sturz des preußischen Staates sann man den Ursachen nach und plante Reformen, die nur bei verantwortlicher Mitarbeit der Bürger gelingen konnten. Hatte Friedrich der

Große jede Mitwirkung der Bürgerschaft in der städtischen Verwaltung strikt unterbunden und den Magistrat nur als ausführendes Organ der Provinzialverwaltung geduldet, so kehrte die Stein'sche Städtereform von 1808, wenn auch noch zaghaft, zum Selbstverwaltungsprinzip zurück. Die Bürgerschaft durfte eine Stadtverordnetenversammlung wählen, aus deren Mitte der Magistrat hervorging, welcher die eigentliche Verwaltungsarbeit zu leisten hatte. Gewerbefreiheit und das Staatsbürgerrecht für die Juden waren weitere Errungenschaften der Jahre zwischen den Kriegen.

Wichtigstes Ereignis für Breslau aber wurde die Gründung einer voll ausgebauten Universität. Die alte „Leopoldina" hatte als Jesuitenkolleg stets der theologischen und philosophischen Fakultät den Vorrang gegeben. Die Jurisprudenz war auf kanonisches Recht beschränkt, zu einem Ausbau der medizinischen Fächer war es gar nicht erst gekommen. Nach der preußischen Eroberung hatte sie vollends an Bedeutung verloren.

Die Gründung der neuen Berliner Universität gab Anlaß, die nur noch dahinkümmernde Hochschule in Frankfurt/Oder zu schließen und sie in Breslau als geistiges Zentrum der Provinz Schlesien neu erstehen zu lassen. Mit der „Schlesischen Friedrich-Wilhelm-Universität" erhielt Breslau im Jahre 1811 die erste Universität in Deutschland, die einer katholischen und einer evangelisch-theologischen Fakultät nebeneinander Raum gab.

Als einer der ersten Professoren kam aus Halle der Naturphilosoph Henrik Steffens. Von Goethe und Schiller bis zu Schelling und Fichte war er mit den großen Männern seiner Zeit bekannt und befreundet. Er brannte darauf, bei der Erhebung gegen Napoleon, auf die in jener Zeit alles hindrängte, an entscheidender Stelle mitzuwirken. Der Ruf in das abgelegene Breslau war deshalb für ihn eine bittere Enttäuschung. Doch seine Sorge war unbegründet. Nicht Berlin, sondern die schlesische Hauptstadt wurde zum Brennpunkt des Aufbruchs gegen Napoleon.

Die Kunde vom Untergang der gewaltigen französischen Armee in Rußland war mit ungläubigem Staunen aufgenommen worden. Versteckt regten sich die ersten Hoffnungen auf ein schnelles Ende der Franzosenherrschaft, doch wartete man auf ein Zeichen aus Berlin. Als es ausblieb, wuchs die Erregung und steigerte sich von Tag zu Tag.

Widerstrebend ließ sich der König Ende Januar dazu bestimmen, nach Breslau zu kommen. Hier war er vor dem Zugriff Napoleons sicher, hier versammelte sich nun die Elite des Landes, an ihrer Spitze Scharnhorst, Gneisenau, Hardenberg, Stein. Sie rangen ihm — der sich noch immer durch sein Wort an Napoleon gebunden fühlte, in Wahrheit aber wohl dessen Rückkehr fürchtete und einem Umschwung „von Volkes Gnaden" im tiefsten mißtraute — einen Aufruf zur Bildung freiwilliger Jägerkorps ab, einige Tage danach auch die Mobilmachung der Feldtruppen.

Aber noch war Preußen mit Napoleon verbündet, noch war nicht gesagt, wem die Mobilmachung gelten sollte. Henrik Steffens fand Spannung und Ungewißheit unerträglich:

Es ging, was ich erfahren hatte, mir durch den Kopf und plötzlich ergriff mich ein Gedanke: „Es steht ja", dachte ich, „bei dir, den Krieg zu erklären, deine Stellung erlaubt es dir, und was der Hof beschließen wird, wenn es geschehen ist, kann dir gleichgültig sein."

So beschloß er, am nächsten Morgen die Studenten zum Kampf gegen Napoleon aufzurufen und sich selbst freiwillig zu melden. Morgens um acht hatte er eine Vorlesung im Josephskonvikt zu halten. Er schloß sie mit der Ankündigung, er werde um elf Uhr über einen wichtigen Gegenstand sprechen, den Aufruf Sr. Majestät sich freiwillig zu bewaffnen, der noch heute ergehen solle.

„Ob die übrigen Vorträge in dieser Stunde versäumt werden, ist gleichgültig. Ich erwarte so viele, als der Raum zu fassen vermag."

Was dann geschah, erzählt er selbst so:

Die Bewegung in der Stadt war grenzenlos, alles wogte hin und her, jeder wollte etwas erlauschen, irgend etwas vernehmen, welches der immer stärker heranwachsenden Gärung eine bestimmte Richtung geben konnte; Unbekannte sprachen sich an und standen sich Rede, die vielen Tausende, die aus allen Gegenden nach Breslau strömten, wogten mit den aufgeregten Einwohnern auf den erfüllten Straßen, drängten sich zwischen heranziehende Truppen, Munitionswagen, Kanonen, Ladungen von Waffen aller Art . . .

„Wie oft hast du dich beklagt", sagte ich mir, „daß du hier in diese Ecke von Deutschland hingeschleudert wurdest: und sie ist jetzt der alles ergreifende, begeisternde Mittelpunkt geworden; hier fängt eine neue Epoche der Geschichte an, und was diese wogende Menschenmenge bewegt, darfst du aussprechen."

Was ich sprach, ich weiß es nicht, selbst wenn man mich nach dem Schlusse der Rede gefragt hätte, ich würde keine Rechenschaft davon ablegen können.

Von Mund zu Mund flog die Kunde von Steffens' Rede durch die Stadt. St. Marsan, der französische Gesandte, eilte zu Hardenberg, dem preußischen Staatskanzler:

„Sagen Sie mir, was das zu bedeuten hat. Wir glauben mit Ihnen in Frieden zu leben, ja, wir betrachten Sie als unsere Bundesgenossen, und nun wagt es ein Universitätslehrer, unter den Augen des Königs uns den Krieg zu erklären!"

Hardenbergs diplomatische Entschuldigung war eine kaum verhüllte Drohung:

„Die Gesinnung des Volkes, der Jugend, kann Ihnen kein Geheimnis sein; die Rede konnten wir nicht verhindern; daß sie gehalten wurde, erfuhren wir erst, als sie geendigt war. Der König desavouiert sie. Fordern Sie Genugtuung, die soll Ihnen werden. Aber wir dürfen Ihnen nicht verheimlichen, daß ein jeder Schritt gegen den übereilten Redner ihn in einen Märtyrer verwandeln und eine Bewegung erregen wird, die uns in große Verlegenheit setzen würde und die wir schwerlich zu hemmen vermögen."

Der Sturm war schon jetzt nicht mehr aufzuhalten. Nahe der Universität, im Gasthof „Zum Goldenen Zepter", bildete der Major von Lützow ein Freikorps, die „Schwarze Schar", in dem Theodor Körner, Friesen, Jahn dienten und dem die Freiwilligen nur so zuströmten.

Am 10. März 1813 stiftete Friedrich Wilhelm III. im Schloß zu Breslau das Eiserne Kreuz als neuen Kriegsorden; eine Woche später erging sein „Aufruf an mein Volk".

„Der König rief und alle, alle kamen", so stand es fortan in preußischen Schullesebüchern, aber wer dabeigewesen war, wußte es besser und trug seine Version weiter: „Als alle, alle riefen, kam endlich auch der König!"

Der Krieg begann. Noch einmal hatte Breslau bange Stunden zu überstehen, als nach preußischen Anfangserfolgen Napoleon erneut nach Schlesien marschierte und am 1. Juni vor Breslau stand. Oberbürgermeister von Kospoth und Stadtverordnetenvorsteher Schiller reisten dem Kaiser nach Neumarkt entgegen und baten um Schonung.

Napoleon zeigte sich großmütig:

Es würde meinem Herzen sehr wehe tun, wenn ich nicht imstande wäre, Ihnen die an mich gerichtete Bitte zu erfüllen. Der Krieg ist ein fürchterliches Übel und führt schreckliche Leiden und Jammer mit sich. Ich werde diese, soviel als es in meiner Kraft steht, zu mindern bemüht sein, besonders in einem so schönen Lande wie Schlesien ist. Es ist wie ein großer Garten und gleicht der Normandie in meinen Ländereien."

Dann gab er sich leutselig und konnte seine Ironie nicht unterdrücken:

„Was machen die Boulevards? Sind die Promenaden um Ihre Stadt vollendet? Dieses haben Sie allein mir zu danken, ich habe Ihnen dazu Gelegenheit gegeben!"

Doch die Tage der Franzosen waren gezählt. Wir wissen, wie es weiterging: Schlacht an der Katzbach, Völkerschlacht bei Leipzig. Der Kanonendonner entfernte sich und sollte in Breslau nicht mehr gehört werden — bis die Stadt im Inferno des Jahres 1945 unterging.

Auf dem Weg
zur modernen Großstadt

Fortschritt gegen Restauration

Zuerst galt es, die eingeebneten Befestigungsanlagen zu bepflanzen. An ihrer Stelle sollten nun freundliche Promenaden, gesäumt vom Stadtgraben, die Stadt umschließen. Die Tore wurden abgebrochen. Breite steinerne Brücken erleichterten den Verkehr in und aus der Stadt. Die Vororte waren nicht länger ausgesperrt.

Das mächtige Nikolai-Tor mit seinem dicken Rundturm fiel 1820. Die schöne spätgotische Kreuzigungsgruppe, die es geschmückt hatte, wurde an der neu erbauten Elftausend-Jungfrauen-Kirche wieder angebracht. Als die Promenaden fertig waren, durfte Holtei feststellen: „Und Finken pfeifen, wo sonst Kugeln pfiffen."

Der Marsch in die neue Zeit ging weiter: 1825 wurde den Bürgern befohlen, vor ihren Häusern Bürgersteige anzulegen. „Trottoirs" nannte man sie, denn die Franzosenzeit wirkte noch nach. Andererseits hatte der Fortschritt Grenzen: Die Torsperren behielt man wegen der Zolleinnahmen bei, bis eine allerhöchste „königliche Cabinettsordre" diesen unzeitgemäßen Unfug abstellte.

Stolz auf die glorreich errungenen Siege, errichteten die Stadtverordneten dem Feldmarschall Blücher ein Denkmal auf dem Salzring, der von nun an „Blücherplatz" genannt wurde. Ihren schönsten großstädtischen Platz aber bekam die Stadt vor dem Schweidnitzer Tor, wo schon Prinz Jérôme ein Geviert rund um Tauentziens Grabmal hatte abstecken lassen. Der Franzose hatte darauf bestanden, diesen Platz nach dem alten friderizianischen Haudegen zu benennen.

Wirtschaftlich hatte Breslau während der Kriege große Einbußen hinnehmen müssen. Die schlesische Leinwandproduktion war während der Kontinentalsperre so hart betroffen, daß sie sich nicht mehr erholen konnte. Im Wollhandel fand die Breslauer Kaufmannschaft einen gewissen Ausgleich. Der Frühjahrs-Wollmarkt zog bis über die Mitte des Jahrhunderts Händler aus Frankreich, England und Holland in die Stadt. Dann waren alle Straßen von Fuhrwerken verstopft, am Ring türmten sich die meterlangen „Züchen", in welche die Wolle eingeschlagen war.

Ein neu gegründeter Gewerbeverein suchte den Handel zu beleben. Die Gewerbeausstellung von 1832 wurde der Vorläufer großer Industrie- und Landmaschinenmärkte, die später eine führende Stellung im deutschen Osten errangen.

Breslaus Kaufleute erprobten alles, was fortschrittlich aussah und wirtschaftlichen Nutzen versprach. Das Dampfzeitalter kündete sich an, als das große Wasserhebewerk, die „Matthiaskunst", nach einem Brand neu errichtet wurde und darin nun eine Dampfmaschine die Pumparbeit zu leisten hatte. Bevor noch die erste deutsche Eisenbahn von Nürnberg nach Fürth rollte, gab es ein Projekt für eine Eisenbahnlinie Breslau—Oberschlesien. Allerdings vergingen sieben Jahre, ehe es am 21. Mai 1842 so weit war:

Ein Stück südlich der Stadt, auf dem Platz des alten Hochgerichts, stand der festlich geschmückte neue Bahnhof. Zweihundert Ehrengäste und eine Menge neugieriger Zuschauer erwarteten das große Ereignis, von dem die Zeitung so berichtete:

Gegen 10½ Uhr stieg man unter dem Donner abgefeuerter Kanonenschläge und dem Schmettern der Trompeten ein; die Lokomotive „Silesia" führte den Zug. Am Ausgange des Bahnhofes erhob sich eine prächtige Ehrenpforte; an beiden Seiten der Bahn standen Tausende von Zuschauern gedrängt. In 43 Minuten gelangte man im Ohlauer Bahnhofe an, an dessen Eingange wiederum eine Ehrenpforte gebaut war. Der Bürgermeister von Ohlau brachte den Gästen den Willkommen der Stadt dar. Gegen 2 Uhr war der Zug wieder in Breslau.

1848 konnte man gar schon mit der Eisenbahn von Berlin über Breslau bis Wien reisen!

März 1848

Der März 1848 trieb auch die Breslauer auf die Straßen. Ober- und Polizeipräsident, die Vertreter der staatlichen Macht, verließen die Stadt. Bei einer Massenversammlung auf dem Neumarkt ertönte unüberhörbar der Ruf nach der Republik. Der auf sich allein gestellte Magistrat bewaffnete die Bürgerschaft, organisierte eine Bürgerwehr, um die Ordnung aufrecht zu erhalten. Nach Berlin sandte er eine Deputation, die neben anderem Urwahlen zu einer verfassunggebenden Versammlung verlangen sollte: ohne eine solche Zusage könne man für die Ruhe in der Stadt nicht mehr garantieren.

Als die Deputierten ankamen, hatten die Ereignisse in Berlin den König ohnehin schon gezwungen, die meisten Forderungen zu erfüllen. Es blieb noch das allgemeine Wahlrecht offen. Die Breslauer reisten wieder ab im Glauben, auch dies Versprechen sei gegeben, übersahen aber in der Eile den Vorbehalt, daß die Zusage gelten sollte, wenn „der allgemeine Wunsch sich dem Ihrigen anschließt".

Doch es gab Mittel, den allgemeinen „Wunsch" nicht mehr laut werden zu lassen. Bald war der Traum zerronnen, die Nationalversammlung aufgelöst. Als sich 1849 in Dresden, im Rheinland und in Baden noch einmal das Volk erhob, ging man auch in Breslau wieder auf die Barrikaden, fielen Schüsse, knüppelte das Militär den Freiheitswillen nieder.

Gründerjahre

Die großen politischen Ereignisse waren für Breslau mit dem Revolutionsjahr vorbei. Was in den folgenden Jahrzehnten Deutschland bewegte, spielte sich fern der schlesischen Hauptstadt ab. Wie die anderen großen Städte Deutschlands mußte sie alle Kräfte darauf konzentrieren, mit dem atemberaubenden Tempo der wirtschaftlichen Entwicklung und des Bevölkerungswachstums Schritt zu halten.

Eine Geißel der Zeit war die Cholera. In regelmäßigen Abständen suchte sie Breslau heim. Erst spät erkannte man, daß die Ohle in ihrem Lauf durch die Stadt ein Seuchenherd ersten Ranges geworden war. 1866 wurde sie zugeschüttet.

1871 hatte die Stadt 100 000 Einwohner. Im unerhörten wirtschaftlichen Aufschwung der nächsten Jahrzehnte konnte sie ihre Aufgeschlossenheit für alles Neue, ihre Fähigkeit, Handelsverbindungen auch über die Grenzen hinaus anzuknüpfen, neu beweisen.

Breslau wurde zum Großumschlagplatz für Kohle und Erz, für die Hüttenerzeugnisse aus Oberschlesien und für alle Produkte des landwirtschaftlich reichen Umlandes. Industrie siedelte sich im Stadtgebiet an: Die Lokomotivfabrik Linke-Hofmann, Maschinenfabriken, Konfektionsindustrie, Holz- und Papierwerke.

Das zog wiederum viele Menschen in die Stadt. Es wuchsen die eintönigen Aneinanderreihungen vielstöckiger Mietskasernen, welche zum Symbol der Gründerjahre geworden sind. Die Stadt gemeindete die umliegenden Dörfer von Scheitnig bis Pöpelwitz ein. Neue eiserne Fachwerkbrücken spannten sich über die Flußarme. Neuartige Verkehrsmittel überbrückten die großen Entfernungen: Seit 1877 rollte die Pferdebahn durch die Straßen, 1893 wurde die erste elektrische Straßenbahn in Betrieb genommen. Vor allem war es Dr. Georg Bender, einer der überagenden Oberbürgermeister Deutschlands, der seiner Stadt den Weg ins 20. Jahrhundert geebnet hat.

Aber Breslau behauptete sich nicht nur auf wirtschaftlichem Gebiet. Die hervorragenden Leistungen ihrer Gelehrten erwarben der Universität einen guten Ruf. Theodor Mommsen schrieb in Breslau anfangs der fünfziger Jahre die ersten Bände seiner Römischen Geschichte. Der Jurist Otto von Gierke, der Philosoph Dilthey, der Nationalökonom Lujo Brentano wirkten hier zur gleichen Zeit. Es war damals eine bedeutende Errungenschaft, daß die Universität ein eigenes Kliniken-Zentrum in Scheitnig errichten ließ. Im Jahre 1910 wurde die Technische Hochschule in der Nachbarschaft der Kliniken eröffnet.

Ins 20. Jahrhundert

In großem Stil wollte Breslau 1913 die hundertjährige Erinnerung an die Freiheitskriege feiern. Und es gelang nicht nur, für eine historische Ausstellung Gegenstände aus ganz Europa zusammenzuholen, die Stadt baute für diese Veranstaltung ein Ausstellungs- und Festgelände, das in seiner Großzügigkeit und wegen seiner Einbettung in die umgebende Parklandschaft beispielhaft war. Hans Poelzig plante die Gesamtanlage und schuf die kuppelgekrönte Ausstellungshalle in strenger, zweckbetonter Sachlichkeit. Zentrum und Blickpunkt wurde die „Jahrhunderthalle", konstruiert von Stadtbaurat Max Berg, ein Kuppelbau aus Beton und Glas von enormen Ausmaßen, der sich dennoch wie selbstverständlich seiner Umgebung einfügt.

Ein historisches „Festspiel in deutschen Reimen", von Gerhart Hauptmann verfaßt, von Max Reinhardt in der Jahrhunderthalle inszeniert, sollte das Kernstück der Festtage werden. Doch das Haus Hohenzollern glaubte, die Verdienste Friedrich Wilhelms

III. seien in dem Text nicht genügend herausgestellt. Deshalb mußte das kostspielige Spektakel schon nach wenigen Aufführungen wieder abgesetzt werden.

Ein Jahr später brach der Weltkrieg aus. An seinem Beginn stand die große Begeisterung, an seinem Ende Hunger, Not und Revolution. Die großen Gebietsverluste durch den Versailler Vertrag, das Entstehen eines tschechischen Staates und der Kampf um Oberschlesien ließen plötzlich die Bedrohung des Grenzlandes Schlesien spüren, die in der langen ungefährdeten Zeit zuvor fast in Vergessenheit geraten war.

Die neuen Grenzen und die Autarkie-Bestrebungen der Nachbarstaaten trafen Breslaus Wirtschaft schwer. Drückender als im Westen waren hier die Inflation und die Not der Wirtschaftskrise zu spüren.

Die Stadt litt unter ihrer räumlichen Enge. Die Einwohnerdichte war in Breslau fast doppelt so groß wie in den übrigen deutschen Großstädten, die Wohnungsnot besonders schlimm. Die Stadtverwaltung versuchte, das letzte freie Gelände auszunutzen. Mit Hilfe namhafter Architekten gelang es, in Zimpel, Pöpelwitz und im Westend moderne Wohnsiedlungen zu schaffen, die in jenen Jahren Aufsehen erregten und als mustergültig angesehen wurden.

1927 folgten dann große Eingemeindungen, die die Stadtgrenzen bis westlich Deutsch-Lissa hinausschoben und eine sinnvolle Planung für die nächsten fünfzig Jahre ermöglicht hätten. Aber dazu sollte es nicht mehr kommen.

Die Katastrophe

Abenddämmerung

Arbeitslosigkeit und wirtschaftliche Not standen am Beginn der dreißiger Jahre. Demonstrationszüge mit roten Fahnen und Transparenten, Marschkolonnen der Braunhemden zogen durch die Straßen. Es kam zu blutigen Auseinandersetzungen. Wen wollte es wundern, daß selbst die Skeptischen die Wende von

1933 begrüßten, als die Wirtschaft wieder Auftrieb bekam, die Sorge ums tägliche Brot nicht mehr im Vordergrund stand, als wieder „Ruhe und Ordnung" einkehrten. Man wollte so gern an eine sichere, an eine friedliche Zukunft glauben.

Unangefochten feierte Breslau im Jahre 1937 das Deutsche Sängerbundesfest, 1938 das Deutsche Turn- und Sportfest. Einige hunderttausend Gäste kamen aus dem ganzen Reich zu diesen wohlgelungenen, gut organisierten Veranstaltungen. Die Breslauer waren stolz auf ihre herausgeputzte Stadt, sie zeigten sich von ihrer besten Seite. Niemand ahnte, daß es der Glanz eines verlöschenden Tages war, in dem man sich sonnte.

Wenige Monate später brannte die Synagoge, verwüsteten uniformierte Vertreter der Partei jüdische Geschäfte. Wie die Dämmerung vor einem plötzlich hereinbrechenden Unwetter, fiel lähmend der drohende Schatten des Unheils über die Stadt und das ganze Land.

Schlesien war im folgenden Sommer Aufmarschgebiet gegen Polen. Nichts war in jenen Spätsommertagen von der Kriegsbegeisterung 1914 oder gar von der Aufbruchstimmung anno 1813 zu spüren. Gewiß war man glücklich, den Feldzug in Polen schnell beendet zu sehen, und winkte erleichtert den Militärkolonnen zu, die aus Polen zurückkehrend in schneller Fahrt von der Hundsfelder Chaussee quer durch die Stadt zur Autobahn nach Westen eilten.

Der Krieg und seine Schrecken ließen Breslau lange Zeit unberührt. Alle Fabriken arbeiteten auf Hochtouren für die Rüstung. Frauen und Kinder aus den zerbombten Städten des Westens fanden Zuflucht in der Stadt, deren Einwohnerzahl bald die Millionengrenze erreichte. Breslau und Schlesien waren zum Luftschutzkeller des Reiches geworden.

Als im Sommer 1944 die russischen Armeen bis zur Weichsel vorstießen, war abzusehen, daß Breslau ein wichtiges Ziel des nächsten Angriffs sein würde.

Festung Breslau

In Hitlers militärischen Vorstellungen spielten Festungen eine wichtige Rolle, seit er an Angriff nicht mehr denken durfte. Breslau war doch immer eine befestigte Stadt gewesen? Ihm war es gleichgültig, daß es seit 130 Jahren keine Befestigungsanlagen mehr gab, nichts, was zur militärischen Verteidigung notwendig gewesen wäre.

Ein „Führerbefehl" erklärte Breslau zur Festung. Die Militärs standen stramm, der Oberbürgermeister hatte zu schweigen, und Schlesiens Gauleiter Hanke sah eine Gelegenheit, sich als „Reichsverteidigungskommissar" wichtig zu machen. An seinem Widerstand scheiterte die rechtzeitige Evakuierung der Bevölkerung, denn er wagte es nicht, eine so „defätistische" Maßnahme gegenüber „seinem Führer" zu vertreten.

Mitte Januar rollten russische Panzer über die Landesgrenze. Tags darauf sahen die aufgeschreckten Breslauer verschneite Trecks, beladen mit Hausrat, mit Frauen und Kindern im beißenden Ostwind über die Oderbrücken in die Stadt ziehen.

Zur selben Stunde bellten die Lautsprechersäulen an den Straßenecken los: „Achtung! Achtung! Frauen und Kinder verlassen die Stadt zu Fuß in Richtung Opperau-Kanth!" Schon Tage zuvor war das Gedränge auf den Bahnhöfen so unbeschreiblich gewesen, so gering die Chance, einen Platz in einem der wenigen Züge zu ergattern, daß Tausende von Frauen nun tatsächlich noch am späten Nachmittag, bei einbrechender Dunkelheit diesen irrwitzigen Fußmarsch antraten.

Der Schnee lag mehr als einen halben Meter hoch, das Thermometer zeigte zwanzig Grad. Es wurde ein Todesmarsch. Kleinkinder erfroren in den Armen ihrer Mütter. Alte, die ihre Kräfte überschätzt hatten, starben im Schnee. Manche kamen gar nicht erst aus der Stadt hinaus. Am anderen Morgen, es war ein Sonntag, fand man im Südpark fünfzig tote Kinder.

Ende Januar gingen russische Panzerkeile östlich und westlich der Stadt über die Oder. Der Strom war kein Hindernis, seine Eisdecke trug sogar schwere Panzer.

Am 28. Januar verkündeten Anschläge, daß der zweite Bürgermeister, Dr. Spielhagen, im Morgengrauen vor dem Reiterstandbild Friedrichs des Großen auf dem Ring erschossen worden sei. Er habe die Stadt verlassen wollen. In Wahrheit hatte Dr. Spielhagen schon früher Hankes Anordnungen Widerstand entgegengesetzt. Nun schien dem Gauleiter die Zeit der Abrechnung gekommen. Entlarvend war ein Satz in den von Hanke unterzeichneten Plakaten: „Auf meinen Befehl wurde ... erschossen." Nicht einmal die Andeutung eines Gerichtsverfahrens hielt er noch für erforderlich.

Anfang Februar traf Generalmajor v. Ahlfen als neuer Festungskommandant ein. Durch Gegenstöße konnte an der Oder verlorenes Gelände zurückgewonnen werden. Dort wurden die Leichen schrecklich verstümmelter deutscher Soldaten gefunden. Berichte von Flüchtlingen taten ein übriges, keinen Zweifel daran zu lassen, was beim Einmarsch der Roten Armee zu erwarten war.

Zwei Wochen später hatten russische Stoßkeile den Ring um die Stadt im Süden geschlossen und alle Landverbindungen abgeschnitten. Über 200 000 Zivilisten dürften sich damals noch in der Stadt aufgehalten haben.

Für ausreichende Verpflegung war zwar gesorgt, dafür waren Munitionsvorräte und Bewaffnung absolut unzureichend. 45 000 Mann, zusammengewürfelt aus Volkssturm, Ersatzkompanien, Urlaubern, ein „Riesenhaufen von Soldaten, die sich gegenseitig gar nicht kannten" (v. Ahlfen), das war die Truppe, welche die Stadt gegen eine vielfache Übermacht verteidigen sollte. Daß dies fast drei Monate lang gelungen ist, grenzt ans Unbegreifliche.

Der Angriff begann am 17. Februar von Süden, überwand den hohen Damm der Umgehungsbahn und biß sich hinter dem Südpark in den Häuserzeilen fest. Er stockte, und — kaum zu glauben — ein Volkssturmbataillon von Sechzehn- bis Achtzehnjährigen eroberte in jugendlicher Begeisterung am 20. Februar den Südpark im Gegenangriff zurück.

In die südlichen Stadtteile waren gerade zuvor die Einwohner aus dem Norden und Nordosten umgesiedelt worden. Nun wanderten sie in wahren Elendszügen mit spärlichem Notgepäck wieder zurück ins Odertor, nach Scheitnig oder Zimpel, wo ihre Wohnungen entweder schon besetzt oder ausgeplündert oder von Bomben zerstört waren. Während der ganzen Belagerungszeit zogen nun die Gruppen von Ausgebombten oder obdachlos Gewordenen von einem Stadtviertel zum anderen, gehetzt und gejagt von Fliegerangriffen und Artillerieüberfällen.

Straßenkampf

Mörderisch und erbittert ging der Häuserkampf im Süden weiter. Mit Feuer und Brand versuchten sich die Russen freie Bahn zu schaffen. Wo Brandgranaten nichts ausrichteten, bastelten sie Brandsätze aus benzingetränktem Werg, schoben sie an langen Stangen über die Straße in die gegenüberliegenden Häuser, um sie anzuzünden.

Die Verteidiger aber hielten auch dann in den Kellern aus, wenn über ihnen die Häuser schon in Flammen standen. Aus der Augustastraße wird von einem Kompanieführer berichtet, der sich und seine Schützen durch eine Kette von Helfern mit Wasser übergießen ließ, um in der unerträglichen Hitze standzuhalten.

Tagelang wurde um die Schule an der Steinstraße gerungen. Ein Teilnehmer: „Entweder saßen die Sowjets im Keller, die eigenen Truppen in den oberen Stockwerken, oder die Korridore waren Schauplatz heftiger Kämpfe. Mitunter saß der Gegner im angrenzenden Klassenzimmer und wurde nach Sprengen der Klassenwand wieder hinausgeworfen."

Auf russischer Seite war die Verbissenheit nicht geringer. Wenn es die Situation erforderte, zerlegten die Russen Panzerabwehrgeschütze und bauten sie zwei Stockwerke hoch im nächsten Haus wieder zusammen. Damals schrieb eine Moskauer Zeitung:

„Während des ganzen Krieges hat es nur wenige Gegenstücke gegeben zu einem derart dramatischen und fanatischen Ringen wie in Breslau, wo die Kämpfe an Erbitterung und Todesverachtung alles Frühere übertreffen."

Ein Menschenleben gilt in solcher Zeit nicht viel. Hoffnungslos war das Schicksal alter und kranker Leute. Mit übermenschlicher Aufopferung haben in diesen Monaten Ärzte und Krankenschwestern unter kaum vorstellbaren Schwierigkeiten für Verwundete und Kranke gesorgt. Die wenigen zurückgebliebenen Geistlichen — die Gestapo hatte zunächst die Abreise aller Pastoren und Priester gefordert — waren die einzige zivile Institution, an die sich die Menschen in ihrer Bedrängnis wenden konnten. Von der Partei und ihren Organisationen hatten sie außer „Einsatzbefehlen" nicht viel zu erwarten.

Ein neuer Flugplatz

Anfang März wechselte überraschend das militärische Kommando unter Umständen, die bezeichnend sind für die Verfassung der Machthaber in den letzten Wochen vor ihrem Ende.

Über den Kopf des militärischen Befehlshabers hinweg hatte Gauleiter Hanke den aberwitzigen Plan durchgesetzt, eine Start- und Landebahn für Transportflugzeuge mitten in Scheitnig an der 1,3 Kilometer langen Kaiserstraße auszubauen, wozu viele Häuserblocks und die Lutherkirche mit neunzig Meter hohem Turm zu sprengen und einzuebnen waren. v. Ahlfen wurde abberufen, an seiner Stelle flog General Niehoff ein.

„Versagen in Breslau kostet den Kopf. Auf engste und beste Zusammenarbeit mit dem Gauleiter lege ich größten Wert."

Alle Menschenverachtung des Regimes gab Schörner, Oberbefehlshaber in Schlesien und fanatischster Durchhaltegeneral des 2. Weltkrieges, Niehoff zum Abschied mit. Und noch etwas versprach er:

„Wenn Sie es fertigbringen, Breslau drei oder vier Tage zu halten, dann ist Generaloberst Schörner auf dem Landwege bei Ihnen und reicht Ihnen die Hand!"

Mit dieser offenkundigen Lüge und einer so brutalen Drohung im Nacken hielt Niehoff zwei volle Monate stand. Von Schörner war außer Durchhalteparolen und Erschießungsbefehlen nichts mehr zu hören.

Es begann der Ausbau von Verteidigungszonen hinter der eigentlichen Kampflinie, wobei ganze Häuserzeilen, vornehmlich aber die Eckhäuser, geräumt, alle persönliche Habe der Bewohner herausgeschafft und angezündet, die Häuser systematisch abgebrannt wurden.

Besonders groß waren Empörung und Verbitterung der Bevölkerung über die Arbeiten an der Landebahn in der Kaiserstraße. Am 7. März hatte Hanke dazu die „Arbeitspflicht für jeden Einwohner" (das galt für Jungen ab zehn, für Mädchen ab zwölf Jahren!) angeordnet, wobei selbstverständlich die Drohung mit der Todesstrafe nicht fehlte.

Sofort hatten die Russen gemerkt, was im Gange war. Aus der Luft machten sie Jagd auf die Arbeitskommandos. Im Feuer der Tiefflieger leisteten Breslauer Frauen und Kinder zusammen mit ausländischen Zwangsarbeitern unvorstellbare Sklavenarbeit, die Hunderte von Todesopfern kostete.

Ostern 1945

An den Fronten war eine Atempause eingetreten. Es hatte Tauwetter eingesetzt; der Winter war vorbei. Zwischen dem Krachen der Einschläge hörte man in den Gärten schon das Flöten der Amseln. Die Krokusse blühten. Ostern stand vor der Tür. Doch alle Anzeichen deuteten auf Sturm.

Am 1. April brach ein strahlender, wolkenloser Ostermorgen an. Aber mit den ersten Sonnenstrahlen donnerten im Westen die Geschütze los; mit vernichtendem Trommelfeuer leiteten sie den lange erwarteten Angriff auf den Flughafen Gandau ein.

Gleichzeitig erschienen die Bomber. 750 Maschinen waren auf den Startbahnen rings um die Stadt postiert. Nun dröhnte Welle auf Welle heran. Die Besatzungen suchten unbesorgt ihr Ziel und luden ihre Bombenlast ab. Es war ein Inferno, wie es in diesem Krieg wohl nur noch Dresden erlebt hat.

Längst war die Sonne hinter undurchdringlichen Brandwolken verschwunden. Der Bombenwind trug Asche und brennende Flokken wie feurige Vögel durch die Luft. Sie nisteten in den ausgetrockneten, jahrhundertealten Dachstühlen, ließen sie aufflammen, flogen wieder auf und trugen das Feuer Haus um Haus, Straße um Straße weiter. Bald raste der Feuersturm wie ein Orkan über die Dächer. Es brannte die ganze Innenstadt, es loderten in krachenden Flammen alle vier Seiten des Ringes, es glühten alle vom Ring ausgehenden Straßen.

Und doch: Wie durch ein Wunder blieben das Rathaus, die Elisabethkirche und die Magdalenenkirche inmitten des Untergangs unversehrt.

Die Oder schien zu glühen vom Widerschein der Flammen. Es erfüllte sich die alte Prophezeihung, Breslau werde untergehen, wenn die Wasser der Oder rot fließen wie Blut. Das Osterfest war der Untergang der siebenhundertjährigen deutschen Stadt. Was nun noch folgte, ist schnell erzählt.

Kapitulation bei Toresschluß

Der russische Angriff war steckengeblieben und hatte den Verteidigungsring nicht sprengen können. Der Kampf ging noch einmal fünf volle Wochen weiter.

Über den Rundfunk erfuhr man in der eingeschlossenen Stadt, wie Russen und Amerikaner in Sachsen und Thüringen sich entgegeneilten. Aber Hanke hielt aus Breslau heraus am 20. April die offizielle Geburtstagsrede auf den Führer. Hitler beging Selbstmord, aber Schörner befahl, weiterzukämpfen „bis zur letzten Patrone".

Doch Niehoff hatte eingesehen, daß das Ende gekommen war. Eine Delegation der Kirchen, die ihm die Einstellung des Kampfes nahelegen wollte, kam ihm gelegen, seinen Entschluß zur Kapitulation auch gegenüber den Truppenführern zu begründen. Alles, was er noch wollte, war eine geordnete Übergabe mit Garantien für die Zivilbevölkerung und für seine Soldaten.

Noch während der Verhandlungen machte sich Gauleiter Hanke heimlich mit dem Flugzeug des Generals aus dem Staube. Es war die einzige Maschine, die je von der Startbahn in der Kaiserstraße aufgestiegen ist, der Startbahn, die Tausende in Sklavenarbeit gebaut, auf der Hunderte ihr Leben gelassen hatten.

Die Vertreibung

Für die Bevölkerung begannen mit dem Einmarsch der Russen Plünderung und Vergewaltigung. Den Russen folgte die polnische Verwaltung. Deutsche galten als vogelfrei. Ihnen waren die einfachsten Menschenrechte auf Sicherheit des Lebens und der persönlichen Habe verweigert, das Recht auf Wohnung und Entlohnung für Arbeit abgesprochen. Sie durften sich glücklich schätzen, wenn sie der Zwangsarbeit in KZ-ähnlichen Lagern entkamen.

Als ob nichts übrigbleiben dürfte, gingen jetzt noch die Magdalenenkirche, die Barbarakirche und der Kolonnadenbau des Schlosses in Flammen auf.

Neue Bewohner kamen: Die aus Ostpolen vertriebene Landbevölkerung suchte sich verschreckt in der ungewohnten Trümmerlandschaft der Großstadt einzurichten; abenteuerliche Typen aus dem übrigen Polen brachten eine Goldgräber-Atmosphäre mit, rafften zusammen, was sie erreichen konnten, und verschwanden wieder.

Von Lemberg kam mit allen ihren Einrichtungen, mit Professoren und Studenten die dortige Universität.

Im Sommer 1945 fristeten noch immer rund 200 000 Deutsche ihr Dasein vom Verkauf ihrer Habe, lebten von der Hand in den Mund, von dem, was ihnen polnische Neubürger für Handreichungen freiwillig gaben. Im Herbst rollten die ersten Transporte nach Westen, Güterzüge mit Menschen vollgestopft, denen auf dem Bahnhof noch das letzte persönliche Eigentum abgenommen worden war.

Siebenhundert Jahre deutschen Lebens und deutscher Kultur in einer der größten und bedeutendsten Städte des Deutschen Reiches sollten für immer ausgelöscht sein, die Menschen ausgetrieben, die Bauten im Bombenhagel untergegangen. Die polnische Verwaltung stand vor einem Trümmerfeld, von dem sie selbst nicht glaubte, daß es ihr auf Dauer gehören würde.

Endlose Güterzüge rollten in diesen Jahren ostwärts, beladen mit Ziegelsteinen aus Breslauer Ruinen für den Wiederaufbau Warschaus. Erst ab 1955 kam in Breslau der Bau von neuen Wohnhäusern in Gang.

Sogleich nach Kriegsende aber begannen der polnische Staat und die katholische Kirche, historische Baudenkmäler wieder aufzurichten oder vor dem Verfall zu bewahren. Sie haben dabei bewundernswerte, wahrhaft erstaunliche Leistungen vollbracht. Der Dom, die alten Kirchen, die Universität und viele Bürgerhäuser stehen heute wieder in alter Schönheit auf ihrem Platz und künden von der reichen interessanten Geschichte dieser Stadt.

Die neuen Bewohner lieben sie als ihre Heimat. Wer von den alten Breslauern zu ihr zurückkehrt, wer Wehmut und Schmerz über das Vergangene zu überwinden vermag, wird in den vertrauten Häusern und Straßen seine Liebe zu ihr neu entdecken.

Möge es Polen und Deutschen gelingen, aus der Geschichte, aus dem Erlebnis der letzten Jahrzehnte zu lernen, Vergangenes und nationalen Egoismus zu überwinden und gemeinsam an einer friedlichen Zukunft zu bauen.

Sprechen die Steine noch immer?

Wer heute im wiederaufgebauten Breslau über die klaffenden Kahlschläge der leergebombten Flächen erschrickt, den unvermeidlich gesichtslosen Neubauvierteln begegnet, dann die scheinbare Unversehrtheit des Großen Ringes mit dem Rathaus, die alte Schönheit der Kirchen sieht, dem wird der große Bruch des Jahres 1945 eindringlich vor Augen geführt. Er wird gewahr, wie — bei aller bewundernswerten Sorgfalt im Wiederherstellen alter Baudenkmäler — die lebendige Verbindung mit der Vergangenheit fehlt.

Mit den neuen Bewohnern scheinen auch die Steine ihr Gesicht verändert zu haben. Hatte nach der Vertreibung eine verzweifelte Hoffnung das Wort geprägt: „Noch in Jahrhunderten werden die Steine in Schlesien deutsch reden", so ist das heute nicht mehr ohne Einschränkung wahr.

Die Steine reden nicht.

Sie lebten einst mit den Menschen, die sie geformt und aufeinandergetürmt haben, denen sie Wohn- und Feierstätte gewesen sind. Die Steine Breslaus sind verstummt, als der Schock einer fremden Bevölkerung und einer unverstandenen Sprache über sie hinging. Sie sind stumm und verschlossen geblieben — so mag es mancher Besucher heute empfinden —, aber sie beginnen zögernd und leise von ihrer Vergangenheit zu sprechen für den, der sich ihnen mit dem Wissen um ihr Geheimnis nähert. Dem Kundigen wird offenbar, was die Straßen und Plätze, die Kirchen, das Rathaus, die alten Bürgerhäuser und die ziehenden Wasser der Oder erzählen.

Sie erzählen von den slawischen Kindertagen der Stadt, als das herrliche Jaxa-Tympanon, das romanische Portal der Magdalenenkirche, die Johannes-Skulptur und die Portal-Löwen des

Domes entstanden, geboren aus dem von West nach Ost fließenden Strom kultureller und geistiger Anregungen im Mittelalter.

Augustiner-Chorherren aus Arrouaise (Frankreich) waren die ersten Mönche des Sandstiftes. Französisch spricht später noch die Grabtumba Heinrichs IV., die nach burgundischem Vorbild vermutlich in einer Naumburger Werkstatt entstanden ist.

Die fromme, demütige Gestalt der heiligen Hedwig steht symbolisch am Übergang Schlesiens von der slawischen zur deutschen Besiedlung. Aus Bayern in das ferne Land an der Oder gekommen, hat sie mit ihrem Gemahl Heinrich I. den Grund für das rasche Hineinwachsen Schlesiens in den deutschen Kulturkreis gelegt. Weil dieser Übergang friedlich und ohne Bruch geschah, sind leise slawische Anklänge jahrhundertelang hörbar geblieben, ohne deswegen Zweifel am deutschen Charakter des Landes aufkommen zu lassen.

Deutsch ist die Sprache Herzog Heinrichs IV., des Minnesängers, am Ausgang des 13. Jahrhunderts in seinen Gedichten „Mir ist das Herze worden froh..." und „Ich klage dir, Mai, ich klage dir, Sommerwonne".

Deutscher Bauwille spricht aus den Backsteinkirchen des 14. Jahrhunderts. Ein Mitglied der großen Dombaumeisterfamilie Parler errichtete in Breslau den Chor der Dorotheenkirche. Er war aus Prag, von der Dombauhütte des Veitsdomes, gekommen. Böhmisches spricht aus dem weichen Stil der „Przeslaus-Madonna". Böhmisch-donauländischer Kunstauffassung sind die „Schönen Madonnen" in Schlesien entwachsen, die hier eine erstaunliche, durchaus eigenständige Ausprägung erfahren.

Als sich während der Hussitenkriege das deutsche Breslau von Böhmen abwandte, blieb doch die geistige Verbindung zum Donauraum auf anderen Wegen wirksam. Bischof Johann V. Turzo, einer Zipser Familie entstammend, über Krakau nach Breslau gekommen, wurde Wegbereiter der Renaissance in Schlesien. Das Sakristeiportal im Dom legt Zeugnis von seinem Wirken ab.

Im Spannungsfeld von Krakau und Nürnberg lag Breslau zu Beginn des 16. Jahrhunderts. Sicher ist es kein Zufall, daß Veit Stoß — beiden Städten zugehörig — mit seiner Kunst nachhaltig nach Schlesien hinein gewirkt hat. Aus Nürnberg kam der vielflügelige Hochaltar des Hans Pleydenwurff für die Breslauer

Das Rathaus: Wahrzeichen und Mittelpunkt der Stadt

Elisabethkirche. Der Nürnberger Peter Vischer schuf die kunstvolle Grabplatte für Bischof Johannes IV. Roth. Aus Nürnberg kam schließlich auch Breslaus Reformator Johannes Heß.

Die Stadt war so fest im deutschen Kulturkreis verwurzelt, daß sie nun selber mit eigenständigen Leistungen aufwarten konnte. Der Breslauer Schulmann Lorenz Corvinus (Rabe) führte als erster in Deutschland um 1500 lateinische Klassiker auf der Bühne seines Schultheaters auf. Barthel Stein, dem wir die älteste Beschreibung Schlesiens und seiner Hauptstadt Breslau verdanken, war der erste Geograph an einer deutschen Universität (Wittenberg). Melanchthon rühmte den in Schlesien wie sonst „in keinem Teil Deutschlands" verbreiteten Hang zur Wissenschaft.

71

Aus diesem Boden kam Martin Opitz, der in Breslau mit seinem „Buch von der deutschen Poeterey" den Grundstein legte für die weitere Entwicklung der deutschen Literatur in der Neuzeit. Breslau wurde zum naturgegebenen Mittelpunkt des nun folgenden „Schlesischen Jahrhunderts" in der deutschen Dichtung. Es war getragen von den Namen Jakob Böhme, Angelus Silesius, Andreas Gryphius, Casper von Lohenstein, Hofmann von Hofmannswaldau, Friedrich von Logau und endete schließlich mit Christian Günther.

Person und Werk Johannes Schefflers, der sich selbst Angelus Silesius nannte, lassen die geistige Situation der Stadt am Ende des Dreißigjährigen Krieges zusammengerafft wie in einem Brennspiegel sichtbar werden. Der Vater war seines evangelischen Glaubens wegen aus Polen ausgewandert. Der Sohn, erfüllt von tiefem Gottesbewußtsein, tat den aufsehenerregenden Schritt zurück zum Katholizismus und stritt dafür mit dem Übereifer des Konvertiten. In seinem dichterischen Werk verband sich die Mystik Jakob Böhmes mit Opitz' Gedankenklarheit zu unvergänglicher Vollendung.

Es war die Zeit der vom habsburgisch-katholischen Wien aus machtvoll andrängenden Gegenreformation, die dem Stadtbild seine großartige barocke Komponente gab, während die schlesische Barockmalerei von dem Königsberger Michael Willmann ihre eigene nordische Prägung erhielt.

Mit Preußens Besitzergreifung zogen Nüchternheit und Strenge, gepaart mit Toleranz und Aufklärung, ein. Nüchternheit und Strenge waren die Grundelemente des preußischen Klassizismus, der im Schaffen des aus Breslau gekommenen Architekten Carl Gotthard Langhans seine reinste Ausprägung gefunden hat; Toleranz und Aufklärung waren Leitbilder im Leben tüchtiger Gelehrter, die Breslau hervorgebracht hat: den Philosophen Christian Wolff, von Friedrich dem Großen mit einer seiner ersten Amtshandlungen rehabilitiert und nach Halle berufen; den Philosophen und Moraltheologen Christian Garve; Friedrich von Gentz, den publizistischen Eiferer gegen Napoleon; den Theologen Friedrich Schleiermacher.

In der Dichtung waren es bescheidenere Namen, die aber doch eine breite Wirkung entfaltet haben: Willibald Alexis, der Verfasser der „Hosen des Herrn von Bredow" und vieler vaterländischer Romane, August Kopisch, Entdecker der Blauen Grotte auf Capri und „unsterblich" geworden mit seiner Ballade von den „Heinzelmännchen von Köln", schließlich Karl von Holtei, dessen Mundartdichtung allen Schlesiern unvergessen bleiben wird.

Erst recht hatte die Universitätsgründung 1811 dafür gesorgt, daß Breslau dem Kreislauf deutschen Geisteslebens verbunden blieb. Es wird schwer, aus der Fülle derer, die als Breslauer — ob hier geboren oder hier ihren Wirkungskreis findend — das kulturelle Bild Deutschlands im 19. Jahrhundert mitgeprägt haben, Namen auszuwählen.

Wir erinnern uns des gebürtigen Breslauers Adolf Menzel (1815 bis 1905), für dessen Schaffen Friedrich der Große und sein Kampf um Schlesien zum zentralen Thema geworden sind („Flötenkonzert in Sanssouci", „Friedrich d. Gr. in Lissa"). Mit seinen Genrebildern („Das Balkonzimmer") hat er sich als genialer Vorläufer der Impressionisten erwiesen.

Und wir denken an Ferdinand Lassalle (1825 bis 1864), Sohn eines jüdischen Breslauer Kaufmanns. Als radikaler Demokrat ist er für die Einheit Deutschlands eingetreten und hat ein sozialistisches Programm entworfen, das zum Fundament des „Allgemeinen Deutschen Arbeitervereins" von 1863 wurde. Lassalle war der erste Vorsitzende dieser ältesten sozialdemokratischen Parteibildung in Deutschland. Er hat von ihr gesagt: „Es ist eine allgemeine demokratische Volksbewegung und keine bloße Klassenbewegung, zu der ich rufe."

Noch wichtiger scheint mir eine Würdigung Gustav Freytags (1816 bis 1895), des gebürtigen Kreuzburgers, weil Breslau Schauplatz seines erfolgreichsten Romans „Soll und Haben" ist und wegen der Nachwirkung, die sein Buch gehabt hat.

Aus der Stimmung des Vormärz, aus dem Selbstbewußtsein des Bürgertums, aus dem Fortschrittsglauben der Zeit entstanden, sollte es „das Volk da suchen, wo es in seiner Tüchtigkeit zu finden ist, nämlich bei der Arbeit". Gustav Freytag hat sein Buch durchaus kämpferisch im Sinne der Revolution von 1848 verstanden. Leidenschaftlich war er für ein liberales, geeintes Deutschland eingetreten. Nach seinem Verständnis konnte nur ein gesundes, sittlich vorbildliches Bürgertum diese Idee verwirklichen.

Also stellte er in fast Rembrandt'scher Hell-Dunkel-Manier eine idealistische Welt des Bürgertums dem finsteren Reich jüdischer Kaufleute gegenüber und malte ebenso schwarz daneben das Bild polnischer Aufständischer jenseits der schlesischen Grenze.

Erschüttert lesen wir heute seine prophetischen Worte aus den „Journalisten": „Es ist möglich, daß vieles Gute, das wir ersehnen, sich, wenn es erreicht ist, in das Gegenteil verkehrt..." Tatsächlich hat Freytag — ohne sich der Konsequenz bewußt zu sein — ein gut Teil Schuld daran, daß die nach Herder überwiegend slawophile Einstellung in Deutschland mehr und mehr einem negativen Polenbild Platz gemacht hat.

Vierzig Jahre später griff Gerhart Hauptmann in seinen „Webern" die sozialen Spannungen der Jahrhundertmitte noch einmal auf. Er und sein älterer Bruder Carl haben ihre Gymnasialzeit in Breslau verbracht; im Werk beider Brüder scheint immer wieder die Stadt mit ihren Menschen durch.

Was im München der Jahrhundertwende, im Berlin der zwanziger Jahre an den Quellen der Moderne brodelte, hat auch Breslau bewegt. Viele, deren Tun Deutschland aufhorchen ließ, haben ihre ersten Schritte in der Stadt an der Oder getan oder hier gewirkt: Agnes Sorma, eine der überragenden Tragödinnen auf deutschen Bühnen der Jahrhundertwende. Sie ist als Agnes Saremba im Arbeiterviertel des Breslauer Westends auf die Welt gekommen; Alfred Kerr, der gefürchtete Theaterkritiker, war Breslauer wie Friedrich Kayßler, Dichter und Schauspieler zugleich; Christian Morgenstern, phantastischer Gestalter des Grotesken in einer sinnlos gewordenen Welt, hat seine Schulzeit in Breslau verbracht. Breslauer waren die Nobelpreisträger Paul Ehrlich, Max Born und Friedrich Bergius. Nennen wir Hans Poelzig, den einflußreichen Architekten der neuen Sachlichkeit, Lehrer in Breslau, und in seiner Nachfolge Erich Mendelsohn und Hans Scharoun, die Maler der Breslauer Akademie Otto Mueller und Oskar Moll, den Dirigenten Otto Klemperer und Friedrich Bischoff, Schriftsteller und künstlerischer Leiter des Senders Breslau, Paul Keller, den Dichter der „Ferien vom Ich" und der „Heimat", Jochen Klepper, Walter Meckauer, Max Herrmann-

Neiße..., und lassen wir diese Aufzählung enden mit Hugo Hartung, dem Wahl-Breslauer mit Leib und Seele. Er hat der Stadt noch im Untergang mit seinem Roman „Der Himmel war unten" ein bleibendes Denkmal gesetzt.

Damit sind wir abermals beim Schicksalsjahr 1945 angekommen. Wenden wir uns nun der Stadt selber zu; sehen und hören wir, was sie uns zu sagen hat.

Ring und Rathaus

An der Kornecke

Unseren Rundgang beginnen wir im Herzen der Stadt. Wo Schweidnitzer Straße (ul. Swidnicka) und Ohlauer Straße (ul. Olawska) einmünden, überschauen wir am besten den Großen Ring und haben den schönsten Blick auf das Rathaus, Breslaus bedeutendstes Bauwerk aus gotischer Zeit und wohl der herrlichste erhaltengebliebene Profanbau der Gotik im deutschen Raum. Am frühen Morgen sollte man hier sein, wenn wärmende Strahlen einer tiefstehenden Sonne die Furchen im Antlitz dieses Wahrzeichens mittelalterlicher Städteherrlichkeit zu neuem Leben erwecken.

Doch lassen wir uns noch ein wenig Zeit, zuerst den Ring in seiner überraschenden Weite, und seiner architektonischen Geschlossenheit zu überschauen.

Verblüffend ist, was hier bereits im 13. Jahrhundert an einfühlsamer, vorausschauender Stadtplanung geleistet wurde.

Zwei Seiten des Ringes sind kürzer als die beiden anderen, das Rathaus steht etwas schräg. So wird die Monotonie des Quadrats vermieden, die leichte Drehung des Innenblocks schafft lebendige, unterschiedlich geschnittene Räume.

Die Fluchtlinien sind an den Ecken leicht vorgezogen, während die dort ausstrahlenden Straßen um eine halbe Breite nach außen gerückt waren, so daß der Platz geschlossen blieb. Das hat man leider beim Wiederaufbau nicht bedacht. Die voreilige Verbreiterung

*der Straßen schlitzt die Ecken auf und gibt heute unschöne Durch-
blicke, welche der alte Plan vermieden hatte.*

Wir stehen an der „Kornecke", von der aus die Entfernungen auf
den ins Land hinausführenden Straßen gemessen wurden. Es ist
nicht schwer zu erraten: Hier hatte der Getreidehandel seinen
Platz, so wie jeder Handelszweig auf dem Ring seinen fest zuge-
wiesenen Platz einnahm. Auf der Nordseite gab es Obst und
Gemüse, Honig und Leckereien: Das war die „Naschmarktseite".
Auf der Ostseite, gerade vor uns, spielte sich der Blumen- und
Kleinviehmarkt ab. Hier sprudelte ein grün gestrichener Röhren-
brunnen. Daher der Name „Grüne-Röhr-Seite". Die südliche
Seite war nach dem besonders prächtigen Haus „Zum Goldenen
Becher" benannt. Die Westseite schließlich war die vornehmste
von allen: Tuch- und Leinenhändler hatten hier ihre Verkaufs-
stände, die Große Waage stand dort, zu besonderen Anlässen
wurden hier Turniere und Festspiele abgehalten. Sie verdankte
dem reichsten Haus „Zu den Sieben Kurfürsten" ihren Namen.

Magdalenenkirche

Lassen Sie uns einen kleinen Abstecher zur Kirche St. Maria-
Magdalena machen, ehe wir gleich zum Rathaus zurückkehren.
Wir gehen durch die Ohlauer Straße (ul. Olawska) bis zur ersten
Ecke — rechts als bemerkenswertes Architekturbeispiel der
zwanziger Jahre ein von Erich Mendelsohn erbautes Kaufhaus —
und biegen links ein. Beim Anblick der Magdalenentürme fällt
sogleich jedem Breslauer die Sage vom „Glockenguß zu Breslau"
ein:

*Da hatte ein Meister die größte aller Glocken in der Stadt verferti-
gen sollen und war schon alles bereit zum Guß. Doch ist der Meister noch einmal weggegangen und hat den Gesellen zurückgelas-
sen, das Feuer zu hüten. Der aber hat am Hahnen probieren wollen
und ist ihm die Schmelze herausgeflossen in die Form und der Guß
unbedachtsam geschehen. Der Meister in jähem Zorn hat den Jungen niedergestochen, hat aber dann sehen müssen wie doch die
Glocke gelungen war als hätt' er sie selber gegossen.*

Seinem Richter zeigte er sich selber an, ward zum Schwert verurteilt und hat noch einen Wunsch dürfen tun. Seine Glocke wollt' er klingen hören.

> *Der Meister hört sie klingen*
> *so voll, so hell, so rein!*
> *Die Augen gehn ihm über,*
> *es muß vor Freude sein.*
>
> *Das ist der Glocken Krone,*
> *die er gegossen hat,*
> *die Magdalenenglocke*
> *zu Breslau in der Stadt.*

So reimte es Wilhelm Müller in einer vielstrophigen Ballade, und alle Breslauer Schulbuben und Mädchen hatten's auswendig zu lernen.

Diese schöne und ehrwürdige Kirche hat den Krieg fast unversehrt überstanden. Erst beim Verbrennen des auf dem Kirchplatz aufgehäuften Unrats aus der Festungszeit griff das Feuer auf die Kirche über und ließ sie in Flammen aufgehen. Dabei ist auch die Armesünderglocke (113 Zentner schwer, 6,30 Meter Umfang) geschmolzen und vertropft.

Schon vor dem Mongolensturm stand eine Kirche an dieser Stelle. Um 1342 ist mit dem heutigen Bau begonnen worden. Von hier nahm 1523 die Reformation ihren Anfang in Schlesien.

An der Südseite kommen wir zu Breslaus wertvollstem Baudenkmal aus romanischer Zeit, zu dem Portal vom Vinzenzkloster auf dem Elbing, das 1529 beim Abbruch des Klosters hierher versetzt wurde.

Das Portal dürfte um 1200 entstanden sein. Die Details im Gewände und in der Archivolte — der Höllenrachen und die fortlaufend erzählte Lebensgeschichte Jesu von der Verkündigung bis zur Taufe — künden von westeuropäischem Einfluß. Breslau ist arm an romanischen Baudenkmälern. Um so wertvoller erscheint dieses Fragment mit seinen köstlichen Details in der Harmonie seiner stützenden und tragenden Teile und der Kraft des halbrund über die Pforte geschlagenen Bogens.

An der Außenfront der Kirche fällt die Vielzahl gut erhaltener Grabdenkmäler auf. Es lohnt, hier auf Entdeckungen auszugehen. Für den Fotofreund bieten sich viele schöne Motive.

Die wichtigsten Epitaphien an der Magdalenenkirche von Süd nach Nord:

> Epitaph Paul Hornig (Kreuzigungsgruppe)
> Epitaph Matthias Scheurl (Kreuzabnahme)
> Epitaph Margarethe Irmisch (Christus nimmt Abschied von seiner Mutter).

Neben dem Nordportal eine Madonnenfigur von 1499 des Breslauer Meisters Jacob Beinhart, eine eigentlich provinzielle Arbeit, die aber den Einfluß Veit Stoß' und die Tradition der „Schönen Madonnen" erkennen läßt.

Durch das Nordportal treten wir ein und sehen zum ersten Mal die für die Wiederherstellungsarbeiten der Breslauer gotischen Kirchen typische Gestaltung: helle, weiß getünchte Wände, von denen sich die roten Ziegel der Gewölberippen betont absetzen. Wenn unser Blick an den hohen Seitenwänden des Mittelschiffs emporwandert, wollen wir uns vorstellen, daß dort hoch oben vor den Pfeilern einst überlebensgroße Skulpturen aus Holz angebracht gewesen sind. Sie waren in ihren Proportionen sehr überlegt auf die Perspektive des tief unten stehenden Betrachters angelegt. Wir werden ihnen später noch im Nationalmuseum gegenüberstehen, dann ist es gut zu wissen, für welchen Standort diese vierschrötigen Riesengestalten bestimmt waren.

Die Kanzel hat der Breslauer Meister Jacob Groß im Jahre 1581 aus niederländischem Marmor und Onyx vom Zobten gefertigt. Sie veranschaulichte in drastischer Symbolik — von der Gestalt des Teufels, der sich unter die Kanzeltreppe drückte, bis zur Flamme des Heiligen Geistes, die ehemals auf dem Schalldeckel den Erdball entzündete — den evangelischen Glauben an die Kraft des Wortes. Davon ist heute in der Hauptsache nur die schöne Kanzelbrüstung mit den drei tragenden Engelsgestalten übriggeblieben.

Vor kurzem war an der Kanzel noch das Bibelwort zu lesen: „Gehorchet meinem Wort, so will ich Euer Herr sein und Ihr sollt mein Volk sein." Jetzt ist es dezent unter einem Schondeckchen verborgen.

Detail vom romanischen Portal der Magdalenenkirche

79

Anschauenswert sind das Sakramentshäuschen im Schmuck seiner ursprünglich erhaltenen farbigen Bemalung und ein den Taufstein bergendes Gitter, geschaffen von Johannes Laubemer 1576.

Aber nicht nur die Kanzel erzählt davon, daß dieses Gotteshaus, das heute der — von Rom unabhängigen — verhältnismäßig kleinen nationalpolnischen katholischen Kirche gehört, die Hauptkirche des evangelischen Breslau gewesen ist; es gibt noch andere stumme Zeugen, die wir entdecken wollen:

In den nördlichen Seitenkapellen sind Grabdenkmäler schlesischer Adels- und Patriziergeschlechter zusammengetragen.

Neben der Sakristeitür im Nordschiff finden wir das merkwürdige Denkmal eines Mannes, der unter weit geöffnetem Mantel seine Arme ausbreitet. Die Widmungstafel, welche er in den Händen hielt, ist leider — ebenso wie viele andere Inschriften in dieser Kirche — verschwunden. Es ist der letzte katholische Pfarrer, Oswald Winkler aus dem bayerischen Straubing, nach dessen Tod die Pfarrei verwahrloste, was den Anlaß zur Berufung Johannes Heß' gab, der Breslaus erster Reformator wurde. Für den Kenner ist sein Familienwappen, ein goldener Löwe auf blauem Grund, noch in der Kirche zu entdecken: Sie finden es auf dem Gewölbeschlußstein der westlichsten Seitenkapelle im Südschiff unmittelbar neben dem Turm.

Durch das Hauptportal gehen wir hinaus und kommen durch den Hintermarkt (Kurzy Targ) zum Ring zurück.

Das Rathaus: Ost- und Südfassade

Wir stehen wieder vor dem Rathaus und wollen uns jetzt viel Zeit nehmen, es in all seinen Einzelheiten anzuschauen. Es ist das unverwechselbare Wahrzeichen der Stadt und war eines der herrlichsten Rathäuser des alten Deutschland.

So geschlossen es auch in der Kraft der beherrschenden Ostgiebelgruppe heute wirkt, entstammt es doch nicht einem vorbedachten Plan, sondern ist Stück für Stück mit den Bedürfnissen der Bürgerschaft und der Stadt gewachsen. Durch die Jahrhunderte hat es gleichsam Jahresring um Jahresring angesetzt bis —

Die Große Uhr am Rathausgiebel

etwa um die Wende vom 15. zum 16. Jahrhundert — mit dem Bau des großen Hauptdaches, der parallelen Seitendächer und des dominierenden Hauptgiebels die verschachtelten Einzelteile in einem Wurf zusammengefaßt wurden.

Ein „Bravourstück des Mittelalters" hat man den Mittelgiebel genannt. Seine Fläche ist von einem Netzwerk aufgesetzter Säulchen mit verschlungenen Kielbogen überzogen.

Wer Freude am Detail hat, mag einmal die äußeren Zweige dieser Verschlingungen betrachten: Sie sind als „Frauenschuhfialen" nach innen gebogen. In gleicher Weise nach vorn absichtsvoll umgebogen finden wir später auf der Südseite die metallenen Giebelspitzen des Mittelerkers.

Die kunstvolle Uhr von 1580 zeigt auch die Mondphasen an. Den Kapellenerker tragen zwei Frauengestalten. Darunter präsentieren zwei Engel auf einer Schale das Haupt Johannes des Täufers. Überall in den Fensterecken hocken wie kleine Kobolde Tier- und Menschengestalten aus Stein.

Aus einer sehr frühen Bauphase stammt das heute verschlossene Hauptportal. Im Türfeld die böhmisch-schlesisch-breslauischen Wappensymbole: Löwe, Adler und der Kopf Johannes des Evangelisten auf umgestürzter Krone.

Die linke Wange der Freitreppe ziert das Relief einer kräftigen Mannsgestalt mit Mütze, Bluse und Amtsstab. Es ist der Diener des Vogts, der die gerichtlichen Vorladungen zu überbringen hatte. So lautet auch die Umschrift:

Ich bin ein foytknecht wer nicht recht tut
den fore (fordre) ich vor recht

Die korrespondierende Platte rechts der Treppe wurde im Krieg zerstört, wir können aber eine Nachbildung im Inneren des Rathauses sehen. In Verbindung mit der Staupsäule kündeten diese beiden Reliefsterne von der Gerichtshoheit des Rates. Die Staupsäule war 1492 etwa 20 Meter vor dem Eingang der Vogteistube aufgestellt worden. Ähnlich dem Pranger in Magdeburg trägt sie eine hohe gotische Laterne mit einem Folterknecht auf ihrer Spitze. 1945 wurde sie zerstört. Seit Januar 1986 steht eine Nachbildung an der alten Stelle, der aber das „Rutenmännlein" fehlt.

Der Südosterker ist einem älteren Quergiebel turmartig vorgesetzt. Baugeschichtlich ist er der reifste Teil des Südschiffes, das

In den Figuren-Friesen am Rathaus
lebt noch immer das Gewimmel des Marktes

in spätgotischer Zeit den vom Mittelgiebel zusammengefaßten älteren Baugliedern angefügt wurde. Seine hervorragende künstlerische Ausgestaltung besorgte der Görlitzer Bildhauer Briccius Gausske. Die Kragsteine zeigen das Haupt Johannes des Täufers, die Hl. Jungfrau und den Verkündigungsengel. In den Eckzwickeln des Giebels wiederholen sich die schon bekannten Wappenmotive.

Gehen wir weiter zur Südseite, wo nun der Vogteigiebel vorspringt. Zwei kleine Erkerchen rahmen die Figuren Johannes des Täufers und des hl. Christophorus. Zwei lustige Äffchen und zwei Drachen tragen die Erkerfenster. Und sehen wir genau hin zu der Konsole zu Füßen des Christophorus: Da steht ein Mönchlein und hält mit selig geschlossenen Augen einen Bierkrug umschlungen, während die andere Hand offensichtlich Halt für die ganze schwankende Gestalt sucht. Gleich daneben hockt eine Gestalt in Kutte und Kapuze, die herausfordernd einen Humpen schwingt.

Wir merken: Der Eingang zum Schweidnitzer Keller ist nicht mehr weit. Und das fröhliche Leben in seinen Gewölben spiegelt sich in den lustig-derben Darstellungen, die wir vor allem im Gesims unter dem ersten Stockwerk und unter der Dachtraufe genau anschauen müssen:

Im unteren Sims beginnt es rechts am Vogteigiebel mit verschiedenen Tiergestalten: Hirsch, Wolf und Bär, Fuchs und Storch, dann Löwen, Bären, Affen. Schließlich leiten zwei Musikanten zu beiden Seiten eines riesigen Gefäßes über zu Prügelszenen: Zwei Männer, die mit eisernen Spitzhüten aufeinander losgehen, danach zwei Männer im Ringkampf, während zwei andere einzugreifen und zu trennen versuchen. Noch interessanter sind die Bildwerke am Dachgesims. Es beginnt wieder mit Blattwerk und Tierdarstellungen, die in einer Jagdszene enden. Man glaubt, das Hifthorn durch die Eichenwälder schallen zu hören. Ein Zug Musikanten schließt sich an und dann kommt ein bärtiger Mann, der auf einem Karren eine häßliche Alte transportiert. In einer Hand schwingt sie einen Knüppel, in der anderen einen Bierkrug. Eine ganze in Stein gehauene Kultur- und Sittengeschichte zieht an uns vorüber.

Von ernsthafter politischer Bedeutung sind dagegen die schönen plastischen Fensterbekrönungen des Obergeschosses. Sie wiederholen mit besonderem Nachdruck die heraldischen Symbole der Stadt (das W, die Häupter der Stadtpatrone), des Herzogtums Breslau (den Adler) und Böhmens (den Löwen). Sie entstanden zur Zeit, da Breslau seine Vorrechte gegen den autokratischen Machthunger Matthias Corvins verteidigen mußte. Und der Rat verstand es, seine Eigenständigkeit auf diese Weise herausfordernd zu betonen. Der schwere Mittelerker wird von vier Konsolsteinen getragen, die mit Engelsfiguren besetzt sind. Aber gleich unter den geflügelten Himmelsboten tauchen wieder die Sinnbilder irdischer Lebensfreude auf: ganz links ein Cister-Spieler (die Cister ist ein Vorläuferinstrument der Zither), daneben trägt ein Ratsschenk zwei hohe Gläser im Arm, rechts davon nimmt ein wohlbeleibter Bürger mit schwerer Geldkatze am Gürtel einen tiefen Zug aus bauchigem Gefäß, den Schluß macht ein pausbäckiger Sackpfeifer.

Über dem Eingang zum Schweidnitzer Keller hat Christian Behrens um 1900 zwei lustige Figuren geschaffen: Den schwankend heimkehrenden Zecher mit leerer Kanne und „Igel" (ein besonderes Breslauer Bierglas), während ihn gegenüber sein erbostes Weib erwartet, den Pantoffel „schlagfertig" vom Fuß streifend. (Die Konsolen aber mit ihrem plastischen Schmuck sind um gut vierhundert Jahre älter!) Aus neuer Zeit stammen übrigens auch die großen Figuren zwischen den Fenstern des ersten Stockwerks und an den Erkern.

Schweidnitzer Keller

Wenn auch heute im „Piwnica Swidnicka" nichts Erwähnenswertes mehr zu sehen ist, muß ich doch erzählen, was der Schweidnitzer Keller für Breslau und die Breslauer gewesen ist, warum er mehr war als ein ostdeutsches „Hofbräuhaus".

Seine Geschichte beginnt schon im Jahre 1273 mit der Erbauung des Rathauses. Er ist so alt wie die ehrwürdigen Ratskeller in Bremen und Lübeck. Herrlich hockte es sich hinter den großen Eichentischen unter den mächtigen Gewölben im „Bauern-" oder im „Bürgerkeller", im „Hanse-" oder im „Schöffenkeller", in der „Bucht" mit der dicken Mittelsäule, im intimen „Ratsherrenstübel", in der „Tonne" oder gar im schaurigen „Räucherloch", das in grauer Vorzeit Gefängnis gewesen war. Kulturgeschichte ließ sich hier am lebenden Objekt studieren.

Dieser Keller ist immer ein Volkskeller gewesen. Bürger und Bauern, Handwerker und Studenten, Ratsherren und Kaufleute saßen nebeneinander und sagten unverblümt ihre Meinung. So bekam es 1420 Kaiser Sigismund zu spüren.

Seit 1578 gab es eine Kellerordnung, die für Qualität und Reinheit des Bieres sorgte, Reinlichkeit von Fässern und Gerät garantieren sollte. Schenkknechte wurden nur eingestellt, wenn ein Bürger Gewähr leistete.

Als der Rat im 16. Jahrhundert ein eigenes Brauhaus dem Rathaus gegenüber auf dem Ring einrichtete, ließ er einen unterirdischen Gang zum Transport der Fässer unter der Straße hindurch graben. An diesen Gang knüpfte sich bald das Gerücht, er führe direkt bis nach Schweidnitz. Während der Belagerung von 1945 soll es sogar bei der Bevölkerung die verzweifelte Hoffnung gegeben haben, er biete einen Fluchtweg aus der Stadt.

Die Geschichte des Kellers endete im Frühjahr 1945, als seine festen Gewölbe einem Lazarett Schutz geben mußten. Heute kann man hier essen und trinken wie anderwärts auch. Von der siebenhundertjährigen Geschichte deutscher Bürgergeselligkeit ist auch nicht ein Hauch mehr zu spüren.

Aus dem Keller und dem Dunkel seiner Geschichte wieder ans Licht steigend, wenden wir uns nach rechts. Auf hohem Podest thront der polnische Dichter Alexander Fredro. Sein Denkmal wurde 1956 aus Lemberg hierher transportiert an die Stelle, wo früher ein Denkmal für Friedrich Wilhelm III. gestanden hatte, Preußens König aus der Zeit der Befreiungskriege.

Alexander Fredro, geb. 1793 in Jaroslau (Galizien), gest. 1876 in Lemberg, war der Schöpfer und bedeutendste Vertreter der polnischen Komödie. Er kritisierte witzig und geistreich die Schwächen der Gesellschaft. In seinen Dramen gestaltete er polnisch-historische Stoffe.

Der Platz zu Füßen des Rathausturmes ist der alte „Fischmarkt". Die Westseite des Rathauses bietet mit ihren strengen, die Renaissance andeutenden Formen weniger Reizvolles. Über der Tür aber betrachten wir das städtische Wappen.

Karl V. hatte es 1530 verliehen. Es vereinigt in sich die heraldischen Symbole von den Außenwänden des Rathauses: den böhmischen Löwen, den schlesischen Adler, das „W" des lateinischen Stadtnamens Wratislavia und die beiden Schutzpatrone Johannes den Täufer und Johannes den Evangelisten.

In der Schatzkammer sehen wir die älteste Form des Stadtwappens. In jüngster Zeit brauchten die Nationalsozialisten ein neues Wappen für die Stadt. Zweigeteilt zeigte es im oberen Feld Brust und Kopf des schlesischen Adlers, darunter das Eiserne Kreuz von 1813. Heute gibt es eine polnische Version mit einem doppelköpfigen Adlertier, halb polnisch, halb schlesisch.

Rathaus: Die Innenräume

Das Rathaus ist zum Museum umgestaltet. Wir kommen zuerst in die Bürgerdinghalle.

Für den Interessierten ein kurzer Abriß der Baugeschichte des Rathauses:

Auf dem Dingplatz, wo sich die freien deutschen Bürger versammelten, wurde ab 1275 die Bürgerdinghalle als wettergeschützter Versammlungsort errichtet. Um 1300 wurde östlich der Gerichtssaal, die „Vogteistube", angefügt. 1328 baute der Rat, dessen Versammlungsort bis dahin das Alte Rathaus auf der Grüne-Röhr-Seite gewesen war, die Ratsstube an. Sie wurde erhöht angelegt, weil unter ihr Platz für Gefängniszellen frei bleiben mußte. 1343 bis 1347 entstand das Geschoß über der Bürgerdinghalle, die später erst anstelle der Balkendecke ihr Gewölbe erhielt.

Dies war der Zustand zu Ende des 15. Jahrhunderts, als dem Rathaus das südliche Schiff angefügt wurde und zugleich der bis dahin arg verwinkelte Komplex das große Hauptdach mit den parallel verlaufenden Seitendächern erhielt; ein großer architektonischer Wurf, dem das Rathaus heute sein harmonisches, geschlossenes Gesamtbild verdankt.

Da eben vom Burdinc, dem Bürgerding, die Rede war, können wir rasch auch davon sprechen, welchen interessanten Bedeutungswandel das Wort „Ring" erfahren hat, das nur in Ostdeutschland und Böhmen als Bezeichnung des durchaus nicht ringförmigen, sondern viereckigen Marktplatzes üblich gewesen ist.

Eine Theorie besagt, daß in jener frühen Zeit das Burdinc auch „Ring" benannt wurde, weil sich die Bürger im Kreis um den Rat versammelten. Mit der Übernahme deutschen Stadtrechts und seiner Einrichtungen wanderte „Ring" in der Bedeutung von Bürgerversammlung nach Polen und wurde in der polnischen Lehnform „Rynek" auch für den Versammlungsort, den Marktplatz, gebräuchlich.

Rynek = Ring im Sinne von „Marktplatz" scheint nun als Rückentlehnung wieder von Ost nach West, vom Polnischen ins Deutsche gewandert zu sein. Es ist in dieser Bedeutung zuerst im Osten Schlesiens, dann in Breslau, noch später in Prag und Pilsen aufgetaucht.

Aber zurück zur Bürgerdinghalle im Breslauer Rathaus. Sie diente auch als Kaufhalle und Festraum für die Bürgerschaft. Heute werden hier wechselnde Ausstellungen gezeigt.

Am östlichen Ende des Saales fuhrt eine Tür in die Vogtdinghalle, den Gerichtssaal mit der erhöhten Bühne für die Gerichtsherren. Eine Treppe steigt dort hinauf und bringt uns vor die Tür zur Ratsstube mit prachtvollem Renaissance-Gewände. Neben ihr gewahren wir die Kopie des Vogteisteins, der bis 1945 an der Freitreppe des Osteinganges gestanden hat.

Als Wahrzeichen städtischer Gerichtshoheit — vergleichbar dem Roland norddeutscher Städte — zeigt er einen Geharnischten mit Spieß und blankem Schwert, die Rechtsrose über dem Haupt. Die Inschrift lautet

Ich bin des rats gewapnet man
wer (mich anfast?) der mus ein swert han

In der nun folgenden Ratsstube stehen wir an dem Ort, an welchem viele Jahrhunderte lang Ratsherren und Schöffen ihre Versammlungen abhielten. Zwei Willmann-Gemälde fesseln uns ebenso wie der mächtige Ofen mit seinen Muschelkacheln und die hinreißend schönen vergoldeten Rosetten unter der Decke. Achten Sie bitte einmal auf die drei spitzbogigen Fenster, auf das eigenartige Muster des Parkettbodens und die Reste der alten Wandbemalung hinter dem Ofen. Sie werden alles bald an anderer Stelle wiederfinden!

Ein Blick noch auf die beiden Holztüren zur Linken: Die rechte führt hinauf in den Fürstensaal. Sie ist von den Aufrührern des Jahres 1418 gewaltsam erbrochen worden. Bis ins 20. Jahrhundert hinein waren ihre Axthiebe noch im Holz zu sehen.

Eine mit Falzblech beschlagene, kunstvoll geprägte Tür führt durch die Ratskanzlei in den Bürgersaal zurück, von wo wir eine breite, erst um 1890 angelegte Treppe hinaufsteigen in den Großen Saal, in neuerer Zeit häufig als Remter bezeichnet. In diesem einzigartig noblen Festsaal zeigen sich am eindrucksvollsten Würde und Anspruch der Stadt zur Zeit ihrer höchsten wirtschaftlichen Blüte. Unsere ganze Aufmerksamkeit verdienen die Krag- und Schlußsteine des Gewölbes. Jeder ist mit dekorativem plastischem Schmuck besetzt, dessen Vielfalt den Reiz dieses Raumes ausmacht. Unmöglich, sie alle aufzuzählen, die Könige und Ratsherren, Bürger, Handwerker und Kaufleute, die Musikanten, Narren und Originale einer längst vergangenen Festgesellschaft, die hier im Stein wieder lebendig wird.

Zwischen ihnen tummeln sich Pferd, Hirsch, Bär, Hund, Affe und Dromedar. Es fehlen nicht die im Mittelalter so beliebten Fabelwesen Drache, Einhorn, Greif. An den bevorzugten Plätzen dominieren die Symbole der politischen Hierarchie: die Wappenbilder der Stadt, Schlesiens und Böhmens. Dazu gesellen sich die Zeichen der vier Evangelisten und Brustbilder der Propheten.

Neben den Stufen, die zur Bühne, dem erhöhten Teil im Westen des Saales, hinaufführen, ist in einer Vitrine ein fein ziselierter Pokal der Fleischerzunft aus dem Jahre 1690 zu bewundern. Das Sterngewölbe dieser westlichen Bühne schließen Gewölbesteine, auf denen nun auch das Wappen des ungarischen Königs Matthias Corvin mit dem Raben erscheint. Ein Gemälde an der nördlichen Wand schildert einen Festschmaus im Rathaus.

Den architektonischen Glanzpunkt des Saales bildet der lichte Mittelerker. Er diente bei Festlichkeiten als Ehrenloge. Die Hand des Görlitzer Bildhauers Briccius Gausske gibt sich in dem reifen künstlerischen Schmuck der Balustrade zu erkennen. Beachtenswert die Kassettendecke mit ihren kunstvollen Rosetten, deren schönste in den Kassettenfeldern allerdings seit dem Kriege verschollen sind.

Die beiden Portale der Ostwand krönt Wappenschmuck in feiner Steinmetzarbeit: links der böhmische Löwe mit Adler und Johannes dem Evangelisten, rechts das Wappen Matthias Corvins als Reverenz an die harte, aber gottlob kurze ungarische Herrschaft. Diese rechte Tür führt uns in das Zimmer des Ratsältesten, das spätere Oberbürgermeisterzimmer. Es bezaubert mit seinem köstlichen Sterngewölbe. Gleich fällt unser Blick auf das große Gemälde in der Gewölbelünette. In porträtgetreuer Wiedergabe ist eine Ratssitzung des Jahres 1668 dargestellt. Die Ratsherren sitzen links hinten um einen quadratischen Tisch, einer von ihnen ist Breslaus Dichterfürst Hofmann von Hofmannswaldau. Die Schöffen sind auf der „kurzen" und auf der „langen Bank" aufgereiht, am Tisch rechts zwei Syndici und die beiden „Secretarii". Wer aufgepaßt hat, erkennt ohne Mühe die drei Fenster, den Fußboden und das Muster der Wandbemalung aus der Ratsstube wieder.

Einen Augenblick lang sollten wir uns vergegenwärtigen, daß in diesem Zimmer, durch dessen Fenster gedämpft der Lärm des

Marktes heraufdrang, die Geschicke der Stadt jahrhundertelang geleitet wurden. Wenn es heute noch gelingt, einen Hauch vom Wesen dieser alten deutschen Stadt zu erfassen, dann hier zwischen diesen kunstvoll holzgetäfelten Wänden.

Wenige Stufen bringen uns hinunter in den Südosterker, die ehemalige Schatzkammer und das Archiv. Wir sehen eine instruktive Sammlung von Münzprägestempeln, stolze Sinnbilder städtischer Finanzhoheit. An den Wänden Nachbildungen der Siegel der Piastenherzöge und das städtische Siegel von 1282. Im Erker präsentieren sich Breslauer Münzen. Der polnische Adler im Gewölbe-Schlußstein sollte nicht zu falschen Schlüssen verleiten. Mit dem Wappen unter der mächtigen Königskrone betonte die Stadt im Gegenteil erneut ihre Zugehörigkeit zu Böhmen, wo zur Bauzeit dieses Erkers Ladislaus, ein polnischer Jagiellone, den Thron bestiegen hatte, bevor das Land an die Habsburger überging.

Von der Schatzkammer aus betritt man den vornehmen Fürstensaal, dessen Gewölbe eine kraftvolle Mittelsäule trägt. Ihr Kapitell ist von Rankenwerk umkränzt, aus dem lebendig gestaltete Menschen- und Tierköpfe hervorlugen.

Der Saal diente ursprünglich als Kapelle, später als Sitzungssaal bei den schlesischen Fürsten- und Landtagen. Adolf Menzel, ein Sohn Breslaus, hat die Huldigung für Friedrich den Großen an dieser Stelle in einem historischen Gemälde festgehalten.

Daß dieser edle Raum auch prosaischeren Zwecken gedient hat, sei nur der Pointe halber erwähnt: Einige Jahre lang durften hier die Kürschner als vornehmste Zunft Märkte abhalten. Das wurde nicht mehr geduldet, nachdem 1559 unpassenderweise eine Kürschnersfrau darin niedergekommen war.

In eine der Seitenwände hatte der Rat, nachdem die Stadt ihren leichtfertig begonnenen Krieg gegen König Podiebrad glücklich, aber ohne Gewinn überstanden hatte, den Spruch einmeißeln lassen, den ich auch diesem Buch vorangestellt habe:

Glücklich die Stadt, welche im Frieden den Krieg fürchtet. Unglücklich die Stadt, welche im Frieden den Krieg herbeiwünscht.

Bürgerhaus am Blücherplatz
(Salzring)

Er ist heute nicht mehr zu sehen, aber wir sollten ihn still mit uns tragen auf unserem Weg durch diese Stadt, deren Gesicht ein mutwillig begonnener Krieg fast bis zur Unkenntlichkeit zerstört hat.

Bürgerhäuser am Ring

Wir kehren zum Ring zurück, rasten ein wenig zu Füßen des Herrn Fredro aus Lemberg und überschauen das stimmungsvolle Bild der Häuserzeilen. Es ist das unstreitige, nicht hoch genug einzuschätzende Verdienst des polnischen Wiederaufbaues, daß heute der Breslauer Ring wieder annähernd den Bauzustand zu Ende des 19. Jahrhunderts zeigt, als noch viele Bürgerhäuser aus Gotik und Barock im bunten Wechsel mit Fassaden der Renaissance, des Rokoko und des Klassizismus ein entzückend vielfältiges Bild boten.

Um die Wende zum 20. Jahrhundert waren — eins ums andere — die schönen, aber unzweckmäßig gewordenen Bürgerhäuser durch moderne Geschäftsbauten ersetzt worden. Die Zerstörungen am Kriegsende — und das Fehlen der Grundstückseigner — schufen die Voraussetzungen für den Versuch, die alten Bürgerhäuser nach vorliegenden Zeichnungen wieder neu erstehen zu lassen.

So gibt es heute am Ring Häuser zu sehen, die schon um die Jahrhundertwende verschwunden waren, zum Beispiel den wuchtigen Renaissancebau mit den großen Zinnen an der Dachtraufe, der sich an der Kornecke vordrängt. Daneben Geschäftshäuser aus der Jahrhundertwende wie etwa Haus Nr. 26 auf dem Grundstück, wo das Haus „Zum Goldenen Becher" gestanden hat, das in der Stadtgeschichte mehrmals eine Rolle spielte. Und es gibt noch eine ganze Reihe schöner alter Bauten, deren Substanz den Krieg, wenn auch mit schweren Schäden, original überstanden hat. Dazu gehören die meisten Häuser auf der Sieben-Kurfürsten-Seite.

Die Häuser Nr. 20 und 21 gegenüber dem Fredro-Denkmal beherbergten lange Zeit die Breslauer Niederlassung der Fugger. Besonders schön gelungen ist die Rekonstruktion der prächtigen

Fredro-Denkmal vor barocken Bürgerhäusern am Ring

Barockfassade am Haus Nr. 18. Ein sehr schönes Renaissanceportal hat sich an Nr. 33 erhalten und in dem Schuhgeschäft in
Nr. 47 gibt es eine hübsch bemalte Holzdecke zu sehen.

Blücherplatz/Salzring

Wir machen nun einen Abstecher hinüber zum Blücherplatz oder
Salzring (Plac Solny), dessen bunte Blumenstände uns anlocken.
Dies war neben Neumarkt und Großem Ring der dritte Marktplatz Breslaus, dem Salzhandel und den Kaufleuten aus Polen
und Rußland vorbehalten. Die Reusche- (Russische) Straße (heute
ul. Ruska), die vom Salzring zum Nikolaitor verläuft, erinnert
noch daran.

Die Südostecke des Salzrings beherrscht ein monumentaler Bau,
die Alte Börse, 1822 bis 24 von Carl Ferdinand Langhans errichtet. Aus der Schloßstraße (ul. Zamkowa) lugt das Stadtschloß
Friedrichs des Großen hervor. Haus Nr. 2 in der Junkernstraße
(ul. Oświecimskich) gehörte dem Kaiserlichen Rat Heinrich Rybisch. Es hat ein besonders schönes Renaissanceportal (um 1575),
das die starke Beziehung Breslauer Patrizier in jener Zeit zum
Humanismus italienischer Prägung deutlich werden läßt. Wir
sehen florentinisch anmutende Porträtmedaillons, Köpfe römi-
scher Krieger, antike Waffen und sogar eine drastische Geburts-
szene. Haus Nr. 4 an der Nordseite des Salzringes ist eines der
schönsten erhalten gebliebenen spätbarocken Bürgerhäuser.

Sieben-Kurfürsten-Seite

Wenn wir nun zum Ring zurückkehren, bietet sich die westliche
Rathausfront mit dem leicht und anmutig wirkenden Turm besonders reizvoll dar. Gehen wir wieder hinüber zum Innenblock
des Ringes und schauen wir über den breiten ehemaligen Parade-
und Turnierplatz hinweg, auf dem einst die große städtische
Waage gestanden hat, zu den Häusern der Sieben-Kurfürsten-Seite. Sie hat ihren Namen vom Haus Nr. 8, „Zu den Sieben Kurfürsten", in dem heute die Buchhandlung Ossolineum unterge-

bracht ist. Von der früheren reichen Fassadenbemalung sind leider nur noch unkenntliche Reste geblieben. Zusammen mit den beiden anschließenden Häusern „Zur Blauen Sonne" (Nr. 7) und „Zur Goldenen Sonne" (Nr. 6) diente es böhmischen und habsburgischen Herrschern als Quartier bei ihren Besuchen in der Stadt. Von seinen Fenstern haben Ladislaus postumus und Georg von Podiebrad auf das Turnier von 1454 herabgesehen.

Auf der Balkonbrüstung der „Goldenen Sonne" verlas General von der Marwitz anno 1742 die Proklamation des Friedens von Breslau, in dem Maria Theresia Schlesien an Friedrich II. von Preußen verlor. Das Barockportal des Hauses Nr. 4 „Zum Goldenen Adler" stammt vom ehemaligen Schreyvogel'schen Palais, das Lukas von Hildebrandt gebaut hatte.

Ohne Zweifel ist das „Greifenhaus" (Nr. 2) das bekannteste Bürgerhaus Breslaus. Seine prunkende, alle Nachbarn weit überragende Giebelfront ist ein Sinnbild des Bürgerstolzes an der Wende vom 15. zum 16. Jahrhundert, als die Stadt ihre höchste Blüte erlebte. Mit zwei Kellergeschossen und sieben (!) Stockwerken über dem Erdgeschoß dürfen wir in ihm getrost ein „Hochhaus" des späten Mittelalters sehen. Sein Kern stammt noch aus dem 15. Jahrhundert, während der schön gezierte Giebel erst 1587 vom Breslauer Stadtbaumeister Friedrich Groß neu gestaltet worden ist. Die Unterbrechung der Simse in der Mittelachse und die so entstehende Senkrechte geben ihm seine stolze Haltung.

Elisabethkirche

Wir sind jetzt zur Nordwestecke des Ringes gelangt und können von hier die „Naschmarktseite" überschauen. Hier hatten also ehemals die Obst- und Gemüsehändler, die Honig- und Süßwarenverkäufer ihre Stände. Hier, im Angesicht der Elisabethkirche, stand 1420 der Richtertisch, vor dem die Aufständischen von 1418 ihre Urteile hörten.

Wohl noch auf Jahre hinaus versperren Baugerüste den Blick zur Elisabethkirche und verwehren die Besichtigung dieser bedeutendsten Breslauer Stadtpfarrkirche. Ganz unmöglich ist es, eine

Vorstellung davon zu ermitteln, welche beherrschende Majestät ihr Turm, der höchste der Stadt, ausstrahlte und was er für das Stadtbild bedeutete.

Wir erinnern uns: Als Breslau seinen Kampf gegen Podiebrad durchgestanden hatte, schöpfte die Stadt neue Kraft. Im Bewußtsein der eigenen Bedeutung gab die Bürgerschaft nicht nur dem Rathaus seine repräsentative Gestalt, sondern wollte auch in einem alles überragenden Turmbau ihrem Stolz Ausdruck geben.

Die unbändige Kraft, mit der dieser Bau in die Höhe strebt, läßt sich noch heute an der unterschiedlichen Höhe der Stockwerke ablesen. Gegen jede Regel nimmt die Geschoßhöhe im Turm von unten nach oben zu und katapultiert den Blick des Beschauers förmlich nach oben. Wo der Turmschaft heute endet, setzte noch einmal eine 60 Meter hohe, steile, pyramidenförmige Spitze an. In mehr als 130 Meter Höhe saß endlich der Turmknopf. Aber bald begann sich die kühne Konstruktion zu neigen. Niemand fand sich bereit, sie wieder abzutragen. Da brach sie in einer Sturmnacht des Jahres 1529 herunter, ohne einem Menschen Schaden zu tun. Die Sage bemächtigte sich des gewaltigen Falles und berichtete, Engel hätten den Turmhelm sorgsam zur Erde geleitet.

Bald danach wurde der kupferne Renaissancehelm aufgesetzt, der dem Turm für lange Zeit sein unverwechselbares Aussehen gegeben hat. In dieser Form überdauerte er sogar den Zweiten Weltkrieg. Aus den zerbombten Häuserzeilen war der Blick zu ihm frei geworden. Und allen, die zu ihm aufsahen, schien er zuzuwinken: „Seht, ich bin noch da!" Das ist vorbei, seit zwei schwere Brände am 20. September 1975 und am 9. Juni 1976 die Kirche zerstörten.

Künstlerisch bedeutend waren das schlanke spätgotische Sakramentshäuschen von Jodocus Tauchen (1453/55), das zierlich durchbrochene Chorgestühl aus dem Anfang des 16. Jahrhundert, die kunstvolle Kanzel aus dunklem italienischen Marmor und viele Epitaphien angesehener Breslauer Patrizier. Wie man hört, besteht Hoffnung, daß Teile der Innenausstattung restaurationsfähig geblieben sind und später wieder aufgestellt werden können.

So stolz überragte der Elisabethturm die Bürgerhäuser am Ring bis zu dem großen Brand im Jahre 1975

Seit 1945 verschollen ist einer der bedeutendsten spätgotischen Schnitzaltäre Deutschlands „Maria mit dem Einhorn", zwischen 1470 und 1480 unter dem Einfluß Veit Stoß' entstanden.

Unwiederbringlich zerstört wurde beim Brand von 1976 die herrliche barocke Orgel (1750/61) des bedeutendsten schlesischen Orgelbauers Michael Engler. Kein Geringerer als Albert Schweitzer hat sein Werk dem Schaffen der Brüder Silbermann als ebenbürtig zur Seite gestellt. Das reiche Schnitzwerk des Prospekts hatte Johann Albrecht Siegwitz aus Bamberg geschaffen, dessen bildhauerischer Arbeit wir in Breslau noch oft begegnen werden.

Universitätsviertel

Zur Schmiedebrücke

Am Hochchor der Ruine von St. Elisabeth vorüber kommen wir durch die Oderstraße (ul. Odrzańska) nach 150 Metern zur Kupferschmiedestraße (ul. Kotlarska).

In dem schmalen Gäßchen linker Hand hinter dem spitzgewölbten Torbogen befanden sich die „Großen Fleischbänke". Sie hatten sich in ihrer mittelalterlichen Gestalt bis ins 20. Jahrhundert erhalten. 1977 wurden sie gründlich renoviert. Kleine Kunstgalerien sind jetzt dort eingezogen.

Wir folgen der Kupferschmiedestraße nach rechts, queren die Stockgasse (ul. Wiezienna), die ihren Namen dem früher hier angesiedelten Stadtgefängnis, dem „Stock" verdankt, und kommen zur Schmiedebrücke (ul. Kuźnicza). Sie ist heute wie früher die Nord-Süd-Achse der Stadt und stellt die Verbindung vom Ring zur Universität her. Nach ein paar Schritten in Richtung Ring stehen wir vor dem Haus „Zum Silbernen Helm" (Nr. 12). Seine reiche und harmonisch gegliederte Fassade weist Parallelen zu dem Haus Nr. 4 auf dem Salzring auf, das wir zuvor gesehen haben.

Leider haben die Zerstörungen des Zweiten Weltkriegs sonst nichts von den vielen schönen, alten Häusern übriggelassen, die bis 1945 noch in der Schmiedebrücke gestanden haben. Gänzlich verschwunden ist das historische Gasthaus „Zum Goldenen Zepter" auf dem Grundstück Nr. 22. Es hat viele bedeutende Gäste gesehen. Seine große Zeit waren die Tage des Aufbruchs zu den Befreiungskriegen. Hier wohnte vom 25. Februar bis Mitte März 1813 Freiherr vom Stein, hier war das Meldebüro des Freikorps Lützow, hier schlug die vaterländische Begeisterung hohe Wellen.

Universitätsplatz

Nach ein paar Schritten stadtauswärts in Richtung auf die Oder kommen wir zum Universitätsplatz (Plac Uniwersytecki) und zu einem anderen Bau, der mit der Volkserhebung von 1813 eng verbunden ist, zu dem entzückenden, schlößchenartigen Josephskonvikt. Hier hielt am 8. Februar 1813 Professor Henrik Steffens in einem Hörsaal seine spontane Rede an die Studenten.

Das Gebäude entstand 1734 bis 54, Baumeister war Michael Frisch. Die zierliche, reich gegliederte Fassade mit Balkon und Zwerchgiebel trug ursprünglich reichen plastischen Schmuck, als dessen Schöpfer J. A. Siegwitz aus Bamberg gilt. (Wir hatten ihn schon bei der Englerorgel von St. Elisabeth erwähnt.)

Treten wir ein, finden wir einen intimen Innenhof, in dessen Mitte eine zarte hl. Katharina steht.

Möglicherweise handelt es sich dabei um eine der Plastiken, welche die Außenfront geziert haben. Der Breslauer Verleger Wilhelm Gottlieb Korn soll 1812 die Figuren erworben und damit die Korn'sche Familiengruft in Oswitz geschmückt haben. In den zwanziger Jahren unseres Jahrhunderts entdeckte ein kunstbeflissener Spaziergänger eine spätbarocke Sandsteinfigur im Oswitzer Wald und identifizierte die geheimnisvolle „Schöne Frau von Oswitz" als hl. Katharina vom Josephskonvikt. So kehrte sie zurück in diesen stillen Hof mit den schönen Arkaden.

Heute beherbergt das Gebäude das Anthropologische Institut.

In der Geschlossenheit der ihn umschließenden Barockbauten bildet der Universitätsplatz einen stimmungsvollen Gegensatz zu dem von der Gotik beherrschten Stadtbild, das wir bisher sahen.

Umgeben von Universität, Konviktsgebäude und der Kirche St. Matthias, können wir uns nach Wien versetzt fühlen. Es gibt keinen anderen Platz in der Stadt, an dem sich die enge kulturelle Verbindung von Wien und Breslau deutlicher manifestiert. Der Fechterbrunnen von Hugo Lederer (1904) — ein schönes Beispiel reinen Jugendstils — fügt sich wie selbstverständlich in das Gesamtbild ein.

Universität: Das Bauwerk

Um einen Überblick zu gewinnen, durchschreiten wir das breite Tor. Sein Name „Kaisertor" hält die Erinnerung an die kaiserliche Burg wach, die an dieser Stelle gestanden hat und die Kaiser Leopold I. den Jesuiten schenkte.

Die Oder überqueren wir nun auf der Universitätsbrücke (Most Uniwersytecki) ganz bis ans nördliche Ufer. Das bewegte Bild der aus vielen Armen ineinanderfließenden und sich wieder teilenden Wasser überragen die Türme des Dombezirks. Wir erkennen den wuchtig-stumpfen Turm der Sandkirche, das ernste Turmpaar des Doms und die nadelfeine, kupfergrüne Spitze der Kreuzkirche.

Wenden wir uns zurück zu der breit hingelagerten Front der Universität:

Nach dem ursprünglichen Entwurf hätte das Kaisertor die Mitte des Baues bezeichnen sollen. Ein nicht mehr ausgeführter östlicher Flügel hätte den Bau noch einmal um ein Drittel seiner heutigen Ausdehnung verlängert. Über dem Kaisertor sollten ein hoher Glockenturm und über den beiden Flügeln je ein niedrigerer Turm die langgestreckte Front vertikal gliedern. Davon ist allein der westliche Seitenturm gebaut worden, der dem Bau heute seine spannungsvolle Asymmetrie gibt.

Die Frage nach dem Architekten ist nicht entschieden. Von Stadtbaumeister Christoph Hackner aus Jauer über den bischöflichen Baumeister Johann Blasius Peintner aus Kärnten reichen die Vermutungen bis zu Domenico Martinelli und Christoph Tausch.

Fechterbrunnen vor der Universität

Schlesiens letzter Provinzial-Konservator, Günther Grundmann, schrieb dazu: „Wer auch immer den Plan ersonnen haben mag; daß Wiener Vorbilder die Konzeption beeinflußt haben, ist ebenso sicher, wie andererseits das schlesische Element dem Bau und seinen Räumen eine einmalige Stellung inmitten des deutschen Barockschaffens sichert."

Durchs Kaisertor kehren wir zum Universitätsplatz zurück. Die Rokokofiguren auf der kleinen Anlage vor dem Portal haben nach Kriegsende gleichsam durch die Hintertür einen Hauch vom friderizianischen Preußen in die wienerische Umgebung gezaubert. Sie stammen nämlich aus dem Schloßpark von Barschau, wo „Die Barberina", Tänzerin am Hofe Friedrichs d. Gr., ihren Lebensabend verbracht hat.

Die Balustrade des astronomischen Turms hoch über dem Portal beleben vier allegorische Standbilder von Franz Joseph Mangold. Sie versinnbildlichen die vier Fakultäten; Kanonisches Recht, Theologie, Astronomie und Medizin.

Joseph von Eichendorff beschreibt in seinen Tagebüchern unterm 18. August 1803, wie er dort oben den Tag der hundertjährigen Gründungsfeier erlebte:

Früh um halb fünf wurden auf dem mathematischen Thurme eben bey Sonnenaufgang nach allen vier Weltgegenden hin Intraden gemacht und das ‚Te deum' abgeblasen, welches bald alle Fenster in dem benachbarten Theile der Stadt mit beschlafmützten Köpfen garnirte. Auch ich befand mich oben, von da ich mit Entzüken in die Fluren hinblikte, die ich morgen besuchen sollte, und von denen die steigende Morgenröthe langsam den nächtlichen Schleyer hob.

Die bewegte Balkonbrüstung über dem Portal bevölkern vier puttenumspielte Sandsteinfiguren von Johann Albrecht Siegwitz: „Gerechtigkeit", „Mäßigung", „Stärke" und „Weisheit".

Werderbrücke und Universität

Universität, Portalplastik von Johann Albrecht Siegwitz

Universität: Die Innenräume

Das Innere übertrifft fast noch unsere Erwartungen. Der einer Fürstenresidenz würdige Treppenaufgang ist mit Sicherheit die schönste Barocktreppe Schlesiens. Muß es nicht eine Lust sein, in so nobler Umgebung zu studieren?

Die Fresken in den Gewölbespiegeln des Treppenhauses sind ein Werk des Müncheners Felix Anton Scheffler. Er war als junger Gehilfe und Schüler Cosmas Damian Asams nach Schlesien gekommen, hatte mit ihm die Klosterkirche Wahlstatt geschmückt und dann in Breslau die ersten selbständigen Arbeiten übernommen.

Im Universitäts-Treppenhaus sollte er die schlesischen Fürstentümer und ihre Residenzen darstellen. Ohne eigene Anschauung, nur nach gezeichneten Vorlagen zu arbeiten, war ein heikles Unterfangen. So ist das Ergebnis künstlerisch nicht sehr bedeutend.

Nach gründlicher Reinigung sind die Fresken nun wieder gut kenntlich. Im linken Aufgang „Schweidnitz-Jauer", rechts „Oppeln". Auf dem Treppenabsatz rechts „Oels" mit der hl. Hedwig, in der Mitte „Neiße", links „Troppau-Jägerndorf", über dem Mittelaufgang „Liegnitz".

Besonders interessant ist dann im Mittelfeld des ersten Stockwerks die Darstellung Breslaus, weil hier im Vordergrund der Stadtansicht die Universität in der Form des später gar nicht mehr durchgeführten Entwurfs, also mit der dreifach turmgekrönten Fassade zu sehen ist. Dahinter sind die Türme der Maria-Magdalenen-Kirche und der Rathausturm auszumachen.

Eine reich geschnitzte Doppeltür führt zur Aula. An dieser Tür, einem Prachtwerk barocker Schnitzkunst, haben polnische Denkmalpfleger ein wenig gemogelt. Wo einst doppelköpfige kaiserlich-habsburgische Adler den Eingang bewachten, ist heute der polnische neben dem schlesischen Adler zu sehen.

Wir betreten die Aula und stehen in einem Festsaal, dessen Pracht wegen der flachen und sehr niedrigen Decke fast erdrückend wirkt. Von beiden Seiten flutet das Licht herein. An sonnigen Tagen spielen die Reflexe von den Wassern der Oder über die goldprunkenden Dekorationen.

Prunkvoller Festsaal: Die Universitäts-Aula

Das Deckenfresko von Johann Christoph Handke aus Olmütz mildert mit raffinierter perspektivischer Malerei die lastende Schwere des flachen Scheingewölbes. In geschickter, mühevoller Arbeit ist es polnischen Restaurateuren nach Kriegsende gelungen, das riesige Gemälde vor dem Herabstürzen zu bewahren und mit Abertausenden winziger Holzstifte wieder dauerhaft zu befestigen. Das Fresko versinnbildlicht die Stellung von Kunst und Wissenschaft zur alles beherrschenden Religion:

Über der Apsis ist die Weihe der Universität an die Gottesmutter dargestellt: Maria thront auf dem Erdball, den eine Schlange umfängt, ihr zur Seite die Schutzheiligen Schlesiens: Johannes mit

106

dem Lamm, Joseph mit einem Lilienzweig und die hl. Hedwig. Im Vordergrund weist der hl. Leopold fürbittend auf das Universitätswappen und blickt dabei zu Maria auf. Rechts die Stifter des Jesuitenordens, Franz Xaverius und Ignatius von Loyola.

In der Mitte, wo gemalte Architekturen eine nach oben offene Halle vortäuschen, huldigen auf Wolkenbänken thronend die Evangelisten, die Lehrer der römischen Kirche und die Schutzheiligen der vier Fakultäten der göttlichen Weisheit.

Über der Musik-Galerie stellt eine Allegorie die Beziehung zu Schlesien her: Vom Himmel schwebt die Weltweisheit herab, von Putten mit Büchern, Füllhörnern und dem schlesischen Wappen begleitet. Silesia thront als Herrin unter einem Baldachin, ihr zur Seite Viadrius, der Oderstrom, und Wratislavia.

Franz Joseph Mangold schuf die sitzende Figur Kaiser Leopolds I. hoch in der Nische zur Kathederwand; ihm zur Seite „Fleiß" und „Klugheit", daneben zur Tiefe stürzend „Torheit" und „Zwietracht". Vor den ersten beiden Fensterpfeilern die Söhne Leopolds, links Kaiser Joseph I., rechts Kaiser Karl VI.

An den folgenden Fensterpfeilern sehen wir die Porträts von Persönlichkeiten, welche die Universität gefördert haben.

An der Südseite:

Papst Urban VIII.

Herzog Franz von Lothringen, Gemahl Maria Theresias
Kaiser Ferdinand III.

Graf Hoym, Kurator der Universität

An der Nordseite:

Franz Wentzl, erster Rektor zur Zeit der Erbauung des Hauptgebäudes
Kaiser Ferdinand I.

König Friedrich II. von Preußen (sein Porträt ersetzte um 1742 das Kaiser Rudolphs II.)

Graf Carmer, Kurator

Vor dem Hinausgehen können wir uns noch an einer kleinen, für die Barockzeit typischen Kuriosität erfreuen: als Pendant zur Ausgangstür ist an die Wand der Schmalseite eine Scheintür gemalt und zwar so täuschend, daß selbst die Kreide-Inschrift „C + M + B 1732" nicht fehlt.

Von der Aula führt ein langer, lichter Gang mit hübschem Blick auf den Universitätsplatz und das Josephskonvikt zum Ostflügel. Auch seine Gewölbespiegel waren mit Fresken von Felix Anton Scheffler geschmückt. Sie sind einem Volltreffer zum Opfer gefallen, der diesen Teil des Gebäudes bis zur Kellerdecke zerstört und leider auch das Oratorium Marianum vernichtet hat, einen Musiksaal, welcher der Aula an Schönheit kaum nachstand.

Die Grenze zwischen dem Kollegflügel der Jesuiten-Universität und dem ehemaligen Wohnflügel bezeichnet ein schön geschmiedetes Gittertor. Wir wenden uns nach rechts, gelangen über die Seitentreppe ins Erdgeschoß und finden hier links hinter einer reichen Prunk- und Prachttür in den Räumen der ehemaligen Apotheke eine Teestube, die Universitätsangehörigen vorbehalten ist. Aber niemand wird Sie hindern, einen Blick in den reich stuckierten Raum mit dem beherrschenden Deckengemälde (Christus heilt einen Kranken) zu tun. Hier hat sich der Münchner Künstler Felix Scheffler selbst porträtiert. Nahe seiner Signatur schaut er auf den Betrachter herab und weist auf sich hin.

Universitätskirche St. Matthias

Zurück zum Universitätsplatz, schauen wir links auf die barocke Matthiaskirche, die Universitätskirche der Jesuiten, ursprünglich dem Namen Jesu geweiht. Das Äußere, auf streng rechteckigem Grundriß, ist klar gegliedert, kompakt, eindrucksvoll geschlossen zwischen den an den Schmalseiten steil sich aufschwingenden Giebeln. Die Pläne dürften nach dem Vorbild von ‚Il Gesù' in Rom, der Hauptkirche der Jesuiten, vom Orden selbst geliefert worden sein. Die Bauarbeiten haben von 1689 bis 1698 der Breslauer Baumeister Matthias Biener und sein Schwiegersohn Johann Georg Knoll aus Memmingen ausgeführt.

Wenn wir eintreten, empfängt uns eine große Hallenkirche mit nach innen gezogenen Strebepfeilern, Kapellen-Seitenschiffen und Emporen. Das heute in barocker Prachtentfaltung goldprunkende Kirchenschiff war anfangs nur mit weißem Kalkanstrich versehen. Erst 1704 bis 1706 wurden Wände und Decken mit Fresken bedeckt. Es dauerte noch einmal zwanzig Jahre, bis der Raum seine reiche Stuckierung und Vergoldung erhielt. Daß das

Ganze dennoch heute wie aus einem Guß wirkt, ist das Verdienst des bischöflichen Architekten Christoph Tausch, der mit der prächtigen Innenausstattung ein monumentales „theatrum sacrum" voll Harmonie und majestätischer Würde geschaffen hat.

Das Deckengemälde — sein Thema ist die Verherrlichung des Namens Christi und die Ausbreitung seiner Lehre in den vier Weltteilen — ist ein Kunstwerk besonderen Ranges. Geschaffen hat es Johann Michael Rottmayr, wohl der bedeutendste deutsche Freskomaler des Spätbarocks. Seine Hauptwerke neben der Breslauer Matthiaskirche finden sich in der Winterreitschule Salzburg, der Blauen Stiege Schönbrunn, der Karlskirche Wien.

Die Bedeutung seines Breslauer Werkes liegt darin, daß er hier zum ersten Mal in Deutschland die Deckenfelder aller Joche zu einem einzigen großen Gesamtgemälde zusammengefaßt hat. (Das Österreichische Barockmuseum im Wiener Schloß Belvedere bewahrt eine farblich meisterhaft komponierte Ölskizze des Breslauer Deckengemäldes auf; ein Zeichen für die Sorgfalt, mit der sich der Künstler für diese große Aufgabe vorbereitete.)

Es gibt noch manche köstlichen Einzelheiten und barocken Einfälle zu entdecken, so in der nördlichen Ignatius-Kapelle und der südlich gegenüberliegenden reicheren Kapelle des hl. Franz Xaverius. Mehr als einen flüchtigen Blick verdienen die musizierenden Putti auf der Musikempore.

Vom Matthiasstift zum Ritterplatz

Wir verlassen die Kirche und kommen nach links über einen freien Platz zum Matthiasstift, welches heute die Bibliothek des Nationalen Ossolinski-Instituts beherbergt, eine der wertvollsten polnischen Sammlungen. Sie wurde im Jahre 1946 von Lemberg zusammen mit der dortigen Universität nach Breslau verlegt.

Hier hatte 1243 Herzogin Anna das Elisabeth-Hospital gegründet und den Kreuzherren vom Roten Stern anvertraut. Später faßten die Jesuiten dort Fuß. Ihre katholische Stadtschule wurde zur Keimzelle der „Universitas Leopoldinae". Die Innenräume des 1675—1715 von Simon Wiedemann errichteten Baus sind nicht zugänglich, aber einen Blick in den stimmungsvollen, weinberankten Innenhof mit seiner mächtigen Kastanie und einem hübschen hölzernen Brunnenhaus dürfen wir riskieren.

Laufen wir nun ein kurzes Stück die Schuhbrücke (ul. Szewska) stadteinwärts, kommen wir an der Ecke Ursulinenstraße (ul. Uniwersytecka) zu der alten gotischen Matthias-Gymnasial-Kirche aus dem 13. Jahrhundert, die wir aber nicht mit der Matthiaskirche der Jesuiten an der Universität verwechseln dürfen. Stimmungsvoll ist der stille Platz vor dem Kirchlein mit der Nepomuksäule (von Johann Georg Urbanski) unter dichtbelaubten Kastanien. Urbanski hat eine zweite, sehr viel eindrucksvollere Nepomuksäule vor der Kreuzkirche geschaffen, die wir später noch sehen werden. Eine andere Parallele zur Kreuzkirche ist die eigenartige Stellung des Turmes im Winkel zwischen Langhaus und Querschiff.

Die Kirche war Grabstätte Johannes Schefflers, bekannt als Angelus Silesius, Schöpfer des „Cherubinischen Wandersmann". An ihn erinnerte bis zum Kriegsende eine Gedenktafel an der Kirchenmauer, die wir aber heute vergeblich suchen würden.

Ein paar Schritte die Schuhbrücke weiter hinauf, in Nr. 49, hat Martin Opitz gelebt und sein „Buch von der Deutschen Poeterey" geschrieben. Weil aber dort heute nichts mehr zu sehen ist, biegen wir zuvor ostwärts in die Ursulinenstraße (ul. Uniwersytecka) ein, die in den Ritterplatz (Pl. Nankiera) mündet. Gleich links das Ursulinerinnenkloster, ebenfalls auf einem ursprünglich herzoglichen Grundstück gelegen. Die Anlage erstrahlt nun wieder in frischem Glanz. Mit ihrem beschwingten Turm — er trug einst eine luftige Spitze mit doppelter Laterne — bildet sie einen reizvollen Gegensatz zu den beiden benachbarten gotischen Kirchen. Mit Erlaubnis der Klosterschwestern kann man in der Gruft neben der Kirche die Grabstätten der schlesischen Piasten besichtigen.

An der Vinzenzkirche haben nun ernsthafte Renovierungsarbeiten begonnen. Der sehr schöne Innenraum soll den Rahmen für ein zentrales Museum schlesischer sakraler Kunst des Mittelalters abgeben.

Um eine mögliche Verwirrung klarzustellen: Die Bezeichnungen Vinzenzkirche und Vinzenzkloster treffen für die Gebäude am Rit-

terplatz erst ab 1529 zu, nachdem das alte Vinzenzkloster auf dem Elbing nördlich der Stadt abgebrochen war und die Prämonstratenser von dort hierher umziehen mußten.

Kirche und Kloster am Ritterplatz waren ursprünglich dem hl. Jacob geweiht und gehörten den Franziskanern. Ihr Kloster erfreute sich der besonderen Gunst der Herzöge. In seinen Mauern gipfelte der Streit zwischen König Johann und Bischof Nanker im Bannspruch gegen den König. Die heutige polnische Benennung des Platzes erinnert an dieses Ereignis.

In der Kirche war das Grabmal Heinrichs II. aufgestellt, das heute im Nationalmuseum zu sehen ist. Mit besonders reicher künstlerischer Ausstattung prunkte die barocke Hochberg-Kapelle, 1723 von Abt Ferdinand Graf Hochberg gestiftet. Sie war ein barockes Kleinod der Stadt und ist nur äußerlich wieder hergerichtet. Christoph Hackner, Johann Albrecht Siegwitz und Johann Georg Urbanski sind die uns schon bekannten Namen der Künstler, die bei ihrem Bau mitgewirkt haben.

Wir sind indessen um die Vinzenzkirche herumgegangen und stehen jetzt auf dem Platz der ältesten Breslauer Ansiedlung, wo sich die ersten Häuser des armseligen Burgfleckens um die Auffahrt zur Brücke drängten. Zur Linken, vor der barocken Front des ehemaligen Prämonstratenser-Klosters, wollen wir uns die Stelle denken, an der die ersten deutschen Kaufleute um das Jahr 1200 ihr Kaufhaus errichteten.

Man muß ein wenig innehalten, um dem Lauf der Geschichte nachzusinnen und zugleich mit offenen Augen eines der schönsten architektonischen Ensembles wahrzunehmen, die das Stadtbild heute noch bietet: Den hohen gotischen Chor der Vinzenzkirche, dem sich kontrastreich und harmonisch der österreichische Barock des Klosters anschmiegt; über der Oder Annakirche und Sandstift, in der Tiefe der Straßenschlucht wuchtig hervortretend der stumpfe Turm der Sandkirche.

Das Prämonstratenser-Kloster hat von 1678 bis 1697 Hans Fröhlich aus Troppau errichtet. Nach der Säkularisation zog das preußische Oberlandesgericht ein, seit Kriegsende ist darin die philologische Fakultät der Universität untergebracht. Ihre germanistische Abteilung genießt hohes Ansehen weit über Polen hinaus. Sie ist Haupt-

ausbildungsstätte für Deutschlehrer in Polen. Die deutsche Sprache rangiert nach Russisch (Pflichtfach) als Wahlfach an erster Stelle vor Englisch und Französisch an polnischen Schulen.

Dominsel und Sandinsel

Sandstift und Sandkirche

Auf der Sandbrücke überschreiten wir den südlichen Arm der Oder. Stromab heben die schwungvollen Risalitgiebel des Matthiasstifts ihre Häupter über den Fluß. Zwischen ihnen wölbt sich die Kuppel des Pavillons, der dem Abt als Sommerwohnung diente. Wir dürfen ihn ruhig ein wenig beneiden um den zauberhaften Anblick, den er in die Weite des Landes und stromauf zu den Kirchen gehabt haben mag.

Nun stehen wir an dem breit hingelagerten Bau des Augustiner-Chorherrenstifts auf dem Sande. Peter Wlast hatte den Orden um 1150 in die Stadt geholt. Den heutigen Bau errichtete 1709 bis 1730 der Breslauer Baumeister Johann Georg Kalkbrenner. Seit der Säkularisation 1810 ist die Universitätsbibliothek hier untergebracht. Im April 1945 wurde das Gebäude fast völlig zerstört, als in seinen Kellern die Festungskommandantur Schutz suchte.

Die Universitätsbibliothek Breslau ist die mit Abstand größte deutschsprachige Bibliothek außerhalb des derzeitigen deutschen Sprachraumes. Sie enthält allein aus der Zeit vor 1800 rund 225 000 Bände. Besonders stolz ist man auf 3200 Inkunabeln und auf Handschriftenbestände, die in ganz Europa ihresgleichen suchen!

Die frisch renovierte Annenkirche trägt über ihrem Barockportal das Wappen des Bischofs Franz von Neuburg. Wir aber haben es nun eilig, zur Marienkirche auf dem Sande zu kommen. Ich kenne keinen Besucher, der nicht beim ersten Eintreten überwältigt und staunend versucht hätte, den himmelhohen Innenraum zu begreifen, den Gegensatz zu bewältigen zu dem düsteren und schweren Bild des Äußeren. Ungehindert strömt rundum Licht durch die hohen Fenster, die das Schiff wie eine gläserne Haut umgeben. Wie schwer und massig wirkten die dichtgereihten Stützpfeiler von außen! Ebenso überrascht erleben wir die Höhe des Raumes. Wir stehen in einer festlichen Halle mit drei gleichhohen Schiffen und schlanken Pfeilern, an denen der Blick immer wieder hinaufgleitet ins Sterngewölbe des Mittelschiffs und zu den hinreißend lebendigen Springgewölben der Seitenschiffe.

Gotische Flügelaltäre, 1945 nach Zerstörung der vordem barocken Innenausstattung neu aufgestellt, verbinden sich mit den farbigen, über alle Beschreibung herrlichen Glasfenstern der in Paris lebenden Künstlerin Teresa Reklewska zu einzigartiger Harmonie.

Hier haben polnische Restaurateure ein Meisterwerk vollbracht. Es dürfte schwerfallen, anderwärts eine ähnliche gelungene Symbiose von alt und neu zu finden wie hier im Münster Unserer Lieben Frau auf dem Sande zu Breslau.

Besuchen Sie die Sandkirche auch einmal vor oder nach den Gottesdiensten (hl. Messe an Werktagen um 7 und 18 Uhr). Dann ist bei geöffnetem Sperrgitter Gelegenheit, die köstlichen gotischen Flügelaltäre genauer anzuschauen. Im rechten Seitenschiff findet sich über der Sakristei-Tür ein romanisches Tympanon (um 1200). Es zeigt die Stiftung der Kirche durch Peter Wlasts Witwe Maria und ihren Sohn Swentoslaus an Maria die Gottesmutter. Darauf ist die Form der ältesten Sandkirche zu erkennen, ein kleiner romanischer Bau mit zwei Türmen. Der heutige gotische Bau wurde 1334 von Peter Rote unter Abt Konrad von Leslau begonnen und gegen Ende des 14. Jahrhunderts vollendet.

Im Vorraum der Kirche betrachten wir noch das alte Taufbecken (um 1300) mit Szenen aus dem Leben Christi und einer Darstellung der hl. Hedwig. Dann stehen wir wieder auf der Sandstraße mit der laut hindurchpolternden Straßenbahn. Schnell hinüber in den Garten des Bürgerspitals. Mit seinem schweren Tonnendach erhebt es sich auf den Grundmauern der Annenkirche, vom Abt des Sandstiftes, Johann von Prag, 1377 als Begräbniskirche erbaut, 1818 in ein Hospital verwandelt. Erhalten blieb das origi-

Aus dem Garten von St. Peter und Paul:
Blick zur Sandkirche

nelle gotische Zwillingsportal der Kirche. Der Grabstein des Kirchenstifters wurde beim Umbau an der Außenwand zur Straße hin angebracht. Dort steht er nun in voller Lebensgröße mit Mitra und Stab, als wolle er die Vorübergehenden segnen. (Die Jahreszahlen der Grundsteinlegung und des Umbaues, 1376 und 1818, sind nachträglich eingemeißelt.)

Die Sandstraße (ul. Sw. Jadwiga) folgt weiter dem Verlauf des alten Handelsweges nach Polen und überschreitet auf eiserner Brücke den nördlichen Oderarm. Auf den Inseln linker Hand standen die ältesten Mühlen der Stadt. Uralte Fachwerkhäuser säumten holprige, verwinkelte Gassen. Das Poltern der Mahlwerke vermischte sich mit dem Rauschen der Wasser. Vor hochgetürmten Rollwagen wühlten die Mäuler stämmiger Zugpferde in den Futtersäcken, Tauben gurrten und über allem lag der verlockende, würzige Duft frischen Brotes.

Der Feuersturm von 1945 hat damit gründlich aufgeräumt. Doch nun erschließt sich dem Spaziergänger eine ganz neue Perspektive: Die Inseln mit ihrem schönen Baumbestand laden zu einer Ruhepause ein und eröffnen nie gekannte Ausblicke auf die barocke Oderfront der Stadt von der Universität bis zum Vinzenzkloster, ein Panorama, das dem so viel bekannteren Blick von der Holteihöhe nicht nachsteht.

Zur Dominsel

Östlich der Gneisenaubrücke (Most Mlyński) baut sich die Kreuzkirche steil wie ein Bergmassiv auf, zu ihren Füßen liegen gleich Vorbergen das romanische Martinikirchlein, das behäbige Dach des Orphanotropheums und die gotische Peter-und-Paul-Kirche. Vermutlich war die Martinikirche die Kapelle der ältesten piastischen Burg. Nicht von ungefähr erhebt sich vor ihr — hier, in einem sozialistischen Staat — das einzige Denkmal, welches Papst Johannes XXIII. gesetzt worden ist. Er hat, als er die Landessprache in der Liturgie zuließ, wesentlich dazu beigetragen, daß die polnische Bevölkerung, vor allem auch die Jugend, noch immer unverbrüchlich zur katholischen Kirche hält.

Gehen wir nun die wenigen Schritte zur Sandkirche zurück und an ihrer Nordseite entlang zur Dombrücke. Den Wandel vom ge-

schäftigen Treiben der Stadt zur Stille des Dombezirks, der jeden Besucher hier anrührt, beschrieb Ricarda Huch:

Auf der Dombrücke stiegen einst die Kaiser vom Pferde, um sich zu Fuß in die Kathedrale zu begeben. Diese Handlung entspricht dem Gefühl, das noch heute den fremden Gast bewegt: so mochte der Verfolgte empfinden, den an dieser Stelle der Schutz der Kirche aufnahm. Hier verstummt der Lärm des Marktes, hier herrscht feierlicher Friede.

Gleich hinter der Brücke ist selbst für „gelernte" Breslauer eine Entdeckung zu machen: Die kleine gotische Kirche St. Peter und Paul. Der Eintritt wird dem höflich Anfragenden an der Klosterpforte nicht verwehrt. Im Hausflur geht es links durch die Sakristei in den ergreifend stillen, von Andacht erfüllten Kirchenraum mit schönem Gewölbe, das von einer einzigen Mittelsäule getragen wird. Auch eine lustige Überraschung wartet: Wer schmunzelt nicht beim Entziffern der blumigen Inschrift auf der Grabtafel des Herrn Godfried Carl Frantz an der südlichen Kirchenwand?

Die Kreuzkirche

Beim Hinausgehen bleibt uns kaum Muße, den kraftvollen Barockbau des Orphanotropheums (Waisenhaus) zu würdigen, 1702 bis 1715 von Johann Blasius Peintner erbaut, denn alle Sinne fesselt nun der Anblick der hochragenden Kreuzkirche hinter dem furiosen Standbild des hl. Nepomuk.

Seine Säule ist ein echtes Werk böhmischen Barocks, von Johann Georg Urbanski geschaffen zu Ehren des tschechischen Nationalheiligen, der wegen seines kompromißlosen Eintretens für die Rechte der Kirche von König Wenzel — wir kennen ihn unrühmlich aus der Geschichte vom Breslauer Bierkrieg — gefoltert und in die Moldau geworfen wurde. Nach der Legende hat Nepomuk sich auch als Beichtvater der Königin gegenüber Wenzel standhaft geweigert, das Beichtgeheimnis preiszugeben. Davon erzählen die drastischen Reliefs am Sockel und die lustigen Putten, deren eine zum Zeichen der Verschwiegenheit ihren Finger vor die Lippen legt.

Böhmischer Barock und norddeutsche Backsteingotik: Die furiose Nepomuksäule vor den klaren Linien der Kreuzkirche

Welch hinreißender Akkord klingt aus der dramatisch bewegten Nepomuksäule vor dem geometrisch-klaren Umriß der Kreuzkirche! Heinrich IV. hat sie am Ende seines Streites mit Bischof Thomas II. zum Zeichen der Versöhnung gestiftet. Tritt uns nicht aus ihrem malerischen Aufbau der ganze hochfahrende Stolz dieses Herren „Heinrich von Pressela" entgegen? Das „Schönste gotische Kleinod Breslaus" hat man sie genannt. Von welcher Seite man sich ihr auch nähert, immer dominiert ihr kühner Aufbau, aus dessen Wurzel der Turm — zusammengepreßt im Winkel zwischen Langhaus und Querschiff — wie ein Pfeil zum Himmel schießt.

Die Kreuzkirche erhebt sich über einer Unterkirche, die dem hl. Bartholomäus geweiht ist. Im Lauf der Jahrhunderte sind deren Fundamente tief in den Aufschwemmungen des Flusses versunken. Sie ist heute dem orthodoxen Gottesdienst vorbehalten und nur selten geöffnet. Dagegen kann man die Kreuzkirche am späten Nachmittag fast immer offen finden. Ihr Inneres hält freilich mit dem malerischen äußeren Bild nicht Schritt. Sie ist die älteste gotische Hallenkirche Breslaus. Nach ihrem Vorbild entstanden später Sand- und Dorotheenkirche. Bis 1945 stand im Altarraum das Grabmal Heinrichs IV. (heute im Nationalmuseum). In der Nordwand finden wir ein ergreifendes Tympanon (um 1350): Gottvater, den Gekreuzigten in Armen haltend, flankiert von Herzog Heinrich IV. und seiner Gemahlin Mechthild.

Rund um den Dom

Leicht schwingt sich die Domstraße (ul. Katedralna) zu den majestätischen Türmen hin. Das ehemalige erzbischöfliche Palais (Nr. 15) betont seine Würde durch einen palladesken Portalbau, den Carl Gotthard Langhans entwarf. Heute residiert Breslaus Erzbischof im Palais Nr. 11.

Bischof Thomas I. begann 1244 mit dem Bau des gotischen Doms, an dessen Stelle zuvor ein sehr viel kleinerer romanischer Bau gestanden hat, den Bischof Walter um 1155 errichtete. Das Presbyterium war 1272 vollendet. Im 14. Jahrhundert wurde das Langhaus angefügt, wobei man auf ein ursprünglich geplantes Querschiff verzichtete. Die hohen Westtürme haben eine an

Bränden und Zerstörungen reiche Geschichte. Nach einem verheerenden Dombrand von 1759 waren die Türme von flachen Zeltdächern bedeckt, was etwa dem heutigen Aussehen entspricht, ehe sie zu Beginn unseres Jahrhunderts die allen Breslauern bekannten spitzen Helme erhielten. Es soll die Absicht bestehen, die derzeitigen flachen Notdächer wieder durch neue Konstruktionen zu ersetzen.

Ehe wir den Dom betreten, lohnt es, das Bauwerk einmal ganz zu umschreiten.

Um den Südturm herumgehend, finden wir über einem kleinen zinnenbekrönten Türmchen eine Tafel mit den Jahreszahlen 1907/ 1922. Sie ist von Maurern, die damals Restaurationsarbeiten ausführten, dem Gedenken ihrer im 1. Weltkrieg gefallenen Kameraden gewidmet. Etwas weiter rechts schaut ein schwarzer Kopf zwischen den Ziegeln hervor. Vermutlich hat sich hier ein Baumeister des Mittelalters ein Denkmal gesetzt. Doch die Sage weiß eine dramatische Geschichte zu erzählen vom abgewiesenen Liebhaber einer reichen und schönen Kaufherrentochter, der das Haus seiner Angebeteten in Flammen aufgehen ließ, während sie darin Hochzeit mit seinem glücklicheren Nebenbuhler feierte. Als der Brandstifter aus dem Turmstübchen hohnlachend auf den Feuerschein in der Stadt hinübersah, rückten die Mauern zusammen und erdrosselten ihn. So schaut seine schreckliche Fratze für alle Zeiten auf uns herab, zur Warnung vor Neid und Eifersucht.

Eindrucksvoll ist der Blick auf die Konstruktion der Strebepfeiler, besonders von den Grünanlagen rechts über der Straße. Hinter dem großen Mittelfenster — es deutet die Öffnung für das nicht ausgeführte Querschiff an — sind sie noch schwer und gedrungen, im westlichen, neueren Teil schlank und schwanenhalsförmig. Spärlich ist im Gegensatz zu gotischen Domen des Westens der plastische Schmuck. Um so größer ist unsere Entdeckerfreude über einzelne Tier- und Menschengestalten, die unter den Strebepfeilern, als Schlußsteine der Fensterbogen oder unter Kragsteinen der Portallaibungen zu finden sind.

Die Seitenkapelle gleich hinter dem Turm hat 1671 der Italiener Antonio Coldin errichtet. Sie war der bescheidene Anfang barocker Anbauten, dem innerhalb weniger Jahrzehnte drei weit prunkvollere folgen sollten.

Suchen wir uns eine Bank auf dem Domplatz hinter dem Ost-
chor und versuchen wir einmal, die ineinander verschachtelten
Bauteile auseinanderzudividieren, um der Baugeschichte auf die
Spur zu kommen.

An der Stelle, die wir uns zur Rast ausgesucht haben, floß ehedem ein träger Nebenlauf der Oder vorüber, der den Dombezirk
zur wirklichen Insel machte. Er ist erst vor rund 130 Jahren zugeschüttet worden. Die exponierte Lage über dem Flußlauf war
Anlaß, den Dom schon frühzeitig in die Verteidigungsanlagen
einzubeziehen. Davon erzählen die beiden wehrhaften Osttürme
und der Quergang, der beide verbindet. Der gerade Chorschluß
gibt einen Hinweis, daß die Zisterzienser die Gestaltung dieses ältesten Bauteiles maßgeblich beeinflußt haben.

Aus der Nische zwischen den Osttürmen springt die Mansiona-
rien- oder Marienkapelle vor. Bischof Przeslaus von Pogarell hat
sie im 14. Jahrhundert dem Chor vorgesetzt. Mit ihrem dunklen
Mauerwerk wirkt sie heute wie ein ursprünglicher Bauteil des
Domes selbst.

Barocke Baufreude und gegenreformatorischer Schwung haben
dann um die Wende zum 18. Jahrhundert dem Dom vier Kapellenanbauten beschert. Die erste sahen wir an der Südfront. Vor
uns liegen jetzt die Elisabethkapelle (links, südlich) und die Kurfürstenkapelle (rechts, nördlich), beide kurz nacheinander an der
Wende zum 18. Jahrhundert entstanden. Sie kennzeichnen einen
Höhepunkt barocker Baukunst in Breslau. Wir kommen einge-
hender bei unserem Rundgang im Inneren darauf zurück. Nur so
viel sei gesagt, daß die Kurfürstenkapelle nach einem Entwurf
Fischer von Erlachs entstanden ist und als eine seiner wichtigsten
Schöpfungen gilt. Die vierte, die Totenkapelle, sehen wir bald
auf der Nordseite.

Im Blick auf den Ostchor bewegt uns erneut der spannungsreiche
und harmonische Zusammenklang von Gotik und Barock, der
für das alte Breslauer Stadtbild so charakteristisch ist. Noch ma-
lerischer ist das Bild der kuppelgekrönten Kurfürstenkapelle zu
Füßen des strengen Wehrturms, wenn wir an der Nordseite des
Doms in die Göppertstraße (ul. Kanonia) hineingehen und zu-
rückschauen.

Der alte Schwibbogen dort ist ein vielgenanntes Wahrzeichen der
Stadt. An dem schwarzen Pinienzapfen auf seinem First hat sich

die Volksphantasie entzündet. Was lag näher, als in ihm ein Denkmal der beliebten schlesischen Gaumenfreude, eines Klößels, zu sehen? Wie aber wäre ein solches Magenlabsal dort hinaufgekommen? Nach einer hübschen Geschichte von Alfons Teuber ging das so zu:

Dem Rentner Bruno Kletschke war seine bessere Ehehälfte hinweggestorben. Der Verlust an sich war schlimm genug. Wahrhaft untröstlich aber war Bruno, weil seine Mathilde als die beste Klößelköchin weitum berühmt gewesen war.

Ruhelos und hungrig strich der Witwer umher, haderte mit dem Schicksal und mit seiner Mathilde, die ihn so ganz verlassen und selbst am heiligen Sonntag ohne ein einziges Klößel hatte sitzen lassen.

So kam er zu jenem Torbogen, ließ sich auf einem Prellstein nieder, die Augen fielen ihm zu. Und beim Geläut des Cornelius, der großen Domglocke, die zur Sonntagmittagstunde allen Breslauer Mutteln das Zeichen gab, die weißen Glitscherkugeln in den brodelnden Topf zu versenken — beim Läuten des Cornelius also erschien ihm leibhaftig sein Weib und stellte ihm harsch vor, wie er sie doch mit seinem jämmerlichen Gestöhn in ihrer himmlischen Andacht und Ruhe störe. Und eine Gardinenpredigt prasselte auf den Unglücklichen nieder, daß ihm Hören und Sehen verging.

Gewaltsam riß er sich aus dem Traume — da ließ ihn ein wohlbekanntes Rüchlein seine erschrockenen Augen noch weiter aufreißen: Zu seinen Füßen blinzelte ihm ein „Bunzel-Tippel" zu, wohlgefüllt mit dem irdischen, dem schlesischen Himmelreich. Aus der bräunlichen Backobsttunke schauten die heiß ersehnten weißen Kugeln hervor, zwölf an der Zahl!

Mit Tränen der Rührung machte er sich ans Werk, schwor tausend Eide, das letzte, das zwölfte Klößel nicht anzurühren, es sorgsam aufzuheben zur ewigen Erinnerung an dieses himmlische und köstliche Mirakel, verschwor sich... bis das so heilig verlobte allerletzte Klößel eben doch an der Gabel spießte, um den Weg der elf anderen zu gehen. Da — schwupp, fuhr es auf gen Himmel, fiel nieder und saß mit sattem Platsch unverrückbar fest, hart wie Stein, auf jenem Torbogen zum ewigen Mahnmal wider alle Völlerei und Freßgier.

Und seither — sagt man — läßt es ein Breslauer nur höchst selten über elf Klößel kommen!

Westlich schließt sich ans „Klößeltor" die rührende kleine Ägidienkirche an, erbaut zu Beginn des 12. Jahrhunderts und wohl die älteste Kirche der Stadt.

An der Nordwand des Domes hatte sich als Überrest des früheren romanischen Baues eine ausdrucksstarke Sandsteinskulptur Johannes des Täufers erhalten. Sie wurde 1945 schwer beschädigt. Ihre Bruchstücke bewahrt das Diözesanmuseum auf. Was wir heute unter dem gotischen Schutzdach sehen, ist eine gut gelungene Nachbildung. Die Totenkapelle ist die letzte der barocken Seitenkapellen (1749 bis 1750). An ihr vorüber kommen wir zum Westportal zurück.

Die Vorhalle wurde im Laufe der Zeit vielfach umgebaut und verändert. Viele ihrer Skulpturen stammen aus neuerer Zeit. Eindrucksvoll aber sind die Reliefs an den Säulen des Eingangs, vor allem die Verkündigungsszene am nördlichen Pfeiler und darunter der hl. Hieronymus mit seinem zutraulichen Löwen. Gegenüber ist eine Trauben sammelnde Frau mit einem Einhorn zu sehen. Die beiden Löwenplastiken vom Portal dürften vom romanischen Vorläufer des Domes stammen. Wunderbarerweise ist die kunstvoll geschnitzte Eingangstür vor der Vernichtung bewahrt geblieben. Rechts vom Portal ein Grabstein mit der rührenden Umschrift: „Selig, sanft, fromm, christlich... ist von dieser Welt abgefordert... die vieltugendreiche Jungfrau Barbara, geb. Prauserin".

Dom: Hauptschiff und Seitenschiffe

Beim Eintritt umfängt uns mystisches Dunkel. Das hohe, schmale Mittelschiff leitet den Blick zu dem großen Ostfenster mit seinem vornehm zurückhaltenden Maßwerk und der wundervollen Verglasung in gedämpften blau-violetten und orange-gelben Farbtönen.

Hier ist der Platz, die hohe Kunst und Sorgfalt zu rühmen, mit der die Wiederherstellung des völlig zerstörten Domes unternommen wurde. Ganz besondere Aufmerksamkeit widmete man der Fenster-

gestaltung. Die kluge und wohl abgewogene Abstimmung auf die räumlichen Gegebenheiten hat hier ein Beispiel von europäischem Rang gesetzt.

Das Ostfenster verzichtet auf neogotische Formen ebenso wie auf aggressive Modernität. Mit der Auflösung in eine kaleidoskopähnliche, fast abstrakte Komposition ist die vollkommene Einstimmung auf die vorhandene Architektur gelungen. Man erkennt die Gestalten Johannes d. T., des hl. Vinzenz, des hl. Bartholomäus und Herzog Heinrichs I.

Alle Fenster des Chores schuf der Krakauer Künstler Tadeus Wojciechowski. Die übrigen Fenster sind Arbeiten von S. und K. Pikalski und A. Michalek. Die enormen Kosten hat zu erheblichen Teilen die neu in Schlesien angesiedelte Bevölkerung aus Galizien und Ostpolen aufgebracht, die sich in „ihrem" Dom ein Sinnbild der Besitzergreifung der neuen Heimat schaffen sollte.

Haben wir uns an das Dunkel gewöhnt, erkennen wir am ersten Pfeiler rechts ein Alabasterrelief, das den Augenblick des Bannspruchs Bischof Nankers über König Johann von Böhmen vergegenwärtigt. Johann Georg Urbanski hat es geschaffen. Von ihm ist auch das Pendant am gegenüberliegenden Pfeiler links: ein Denkmal für den sagenhaften, historisch nicht zu belegenden ersten Bischof „Gottfried" von Breslau, der hier bei der Zerstörung eines heidnischen Götzenbildes und bei der Anbetung des Sakraments gezeigt wird.

Durch das südliche Seitenschiff zum Chor weitergehend, werfen wir einen Blick in die Sakramentskapelle, deren Kuppel noch starke Anklänge an Renaissanceformen zeigt. Die Gittertüren sind schöne Beispiele Breslauer Handwerkskunst des 17. Jahrhunderts.

Die Kanzel aus schlesischem graublauem Marmor, 1723 von Domdechant Graf Frankenberg gestiftet, ist ein Werk des Tiroler Bildhauers Johann Adam Karinger. Die Reliefs mit Szenen aus dem Leben Johannes des Täufers sind von Urbanski, der auch die großen Skulpturen auf der Schranke zum Chor, den hl. Hieronymus (links) und Papst Gregor (rechts) geschaffen hat. Zwei weitere Standbilder des hl. Augustin und des hl. Ambrosius gingen bei der Zerstörung des Doms 1945 verloren.

Der erste Presbyteriums-Pfeiler auf der rechten Seite trägt einen Vinzenz-Altar mit einem Bronzerelief von Adrian de Vries. Es zeigt den Heiligen auf dem Rost, von langer Gabel niedergehalten, während Folterknechte das Feuer schüren und ein Engel mit der Märtyrerkrone aus den Wolken herabschwebt.

Den Altarraum flankiert heute eines der prachtvollsten barocken Schnitzwerke Schlesiens, ein Chorgestühl, das früher in der Vinzenzkirche am Ritterplatz gestanden hat. Es wurde im Dom an Stelle des 1945 verbrannten Gestühls aufgestellt. Es ist ein Werk des Breslauer Tischlermeisters Franz Motsch, entstanden 1662 bis 1665. Die fünf Meter hohen Rückwände sind in acht reliefgeschmückte Felder unterteilt, in denen das Leben des hl. Norbert, Stifter des Prämonstratenser-Ordens, dargestellt wird. Künstlerisch bedeutender sind die zwischen den Feldern aufgestellten zwanzig Vollplastiken von Franz Zeller.

Der nach 1945 aufgestellte Hochaltar kommt aus Lüben. An seiner Stelle befand sich ein fünfflügeliger Altar von Bartholomäus Fichtenberger mit wertvollen silbernen Rundfiguren des Breslauer Meisters Paul Nitsch im Mittelstück. Dieser Altar ist seit dem Krieg verschwunden, lediglich die Seitenflügel sind im Diözesanmuseum erhalten geblieben.

Im südlichen Seitenschiff bitten wir um Zutritt zum Chorumgang durch einen Druck auf den Klingelknopf links neben dem schmiedeeisernen Gitter. Das Sakristeiportal gleich rechts ist das früheste Zeugnis der Renaissance in Breslau. Der weltmännische, vom Geist des Humanismus erfüllte Bischof Johann Turzo ließ es 1517 aufstellen. Es zeigt über dem Türsturz die Enthauptung Johannes des Täufers in einer Darstellung, die venezianische Einflüsse erkennen läßt.

Gleich daneben steht das Grabmal des letzten im Dom beigesetzten deutschen Fürstbischofs Georg Kardinal Kopp (1887 bis 1914). Sein Nachfolger Kardinal Bertram starb am 6. Juli 1945 in Schloß Johannesberg bei Jauernig. Vorbei an dem kuriosen Grabdenkmal des Bischofs Sebastian von Rostock, dessen Büste aus einem Ro(sen)stock erblüht, kommen wir zum Quergang hinter dem Chor und zu den drei Kapellenanbauten, die den Höhepunkt einer Dombesichtigung bilden.

Elisabeth-Kapelle

Die Kapelle am Ende des Südschiffes hat Kardinal Friedrich von Hessen-Darmstadt von 1680 bis 1700 erbauen lassen zu Ehren seiner Ahnin, der hl. Elisabeth, die eine Nichte der hl. Hedwig gewesen ist. Über dem Portal der Kapelle sehen wir die marmorne Büste des Stifters. Mit ihren lebensvollen Zügen weist sie sich als ein Werk aus der Werkstatt des größten italienischen Bildhauers jener Zeit, Lorenzo Bernini, aus. Und ein Schritt über die Schwelle führt uns mitten hinein in die Welt italienischen Barocks.

Tatsächlich ist dieser Kuppelbau in der lichten Kühle seines graublauen Marmors ausschließlich das Werk italienischer Künstler aus dem Kreis um Bernini. Der Stifter und hohe Kirchenfürst hatte viele Jahre in Rom zugebracht, ein bewegtes und gewiß nicht sehr sittenstrenges Leben geführt, ehe er sich nach Breslau begab, um hier abseits jeder Versuchung seine Erdentage gottgefällig zu beschließen. Giacomo Scianzi entwarf den architektonischen Plan und schuf auch die Fresken in der Kuppel, die das Leben der hl. Elisabeth glorifizieren.

Dem Altar mit dem wirkungsvoll seitlich beleuchteten Standbild der hl. Elisabeth von Ercole Ferrata steht das pompöse Grabmal des Kardinals gegenüber. Von Domenico Guidi sind die Figuren zu seiner Seite: Die „Ewigkeit" und die schöne, nackte „Wahrheit", welche den Dämon „Lüge" zu Boden tritt.

Marien-Kapelle

Welch Gegensatz erwartet uns, wenn wir uns der Marien-Kapelle (auch Mansionarienkapelle oder Kleinchor genannt) zuwenden. Mystisches Dunkel und ein aus der Tiefe strahlendes ikonenartiges Muttergottesbild versetzen uns tief in den europäischen Osten.

Den Eingang verschließt ein kunstvoll geschmiedetes Gitter. Sobald sich unser Auge der Dunkelheit angepaßt hat, erkennen wir unter spätgotischem Gewölbe inmitten des Raumes einen hohen Marmorsarkophag, auf welchem die Figur des Bischofs Przeslaus von Pogarell ruht. Er ließ die Kapelle gegen Ende des 14. Jahrhunderts errichten. Künstlerisch wertvoll ist die an der rechten Seitenwand angebrachte Grabplatte für Bischof Johann IV. Roth, ein hervorragendes Werk des Nürnbergers Peter Vischer.

Die stimmungsvollen modernen Fenster haben J. und K. Acdański geschaffen. Das Madonnenbild ist ein Flüchtling aus Wilna, der zwischen Polen und Litauen umstrittenen Stadt, die heute zur UdSSR gehört.

Kurfürsten-Kapelle

Wieder bringen uns wenige Schritte über Zeiten und Räume hinweg in eine ganz andere Welt, wenn wir durch das im Dunkel zu oft übersehene, prächtige Portal in die Kurfürsten-Kapelle (1716 bis 1721) treten. Von außen, vom Domplatz her, schienen uns die beiden barocken Kapellenanbauten zu seiten des Chores zum Verwechseln ähnlich. Jetzt aber sehen wir, wie deutlich sich — bei fast gleicher Aufgabenstellung — italienische Leichtigkeit und römische Klarheit vom majestätischen Ernst und der Erdenschwere barocker Baukunst nördlich der Alpen unterscheiden.

Die Kurfürstenkapelle ist ganz und gar ein Werk deutsch-österreichischen Barocks, entworfen von Johann Bernhard Fischer von Erlach, Wiens großem Baumeister. Sie ist (nach Sedlmayr) sein „feinstes Werk" und sein „innerlichster Kirchenraum".

Gestiftet hat sie Bischof Franz Ludwig von Neuburg, Pfalzgraf bei Rhein, seit 1716 Fürsterzbischof und Kurfürst von Trier, später Kurfürst von Mainz, ein Onkel Kaiser Karls VI. Er ist der entschiedene Förderer der Jesuiten-Universität in Breslau gewesen, seine verwandtschaftlichen Verbindungen zum Hof in Wien haben nicht zuletzt den Streit zwischen der Stadt und dem Orden entschieden. Der gegenreformatorische Eifer dieses Kirchenfürsten hat das Thema der Innenausstattung bestimmt: der Kampf des Guten gegen das Böse, versinnbildlicht im bewegten Deckenfresko von Carlo Carlone „Engelssturz". Zugleich erleben wir ein — im Sinne des Wortes — plastisches Beispiel barocker Illusionskunst: Der Arm des stürzenden Luzifer greift — vollplastisch ausgeführt — über das Gesims hinweg. Und noch einen Theatereffekt hält die Kurfürstenkapelle bereit: Mit ein wenig

Glück erlebt man bei bestimmtem Sonnenstand, wie ein Strahlenbündel aus verdecktem Fenster auf die über der Bundeslade angebrachte goldene Sonnenscheibe trifft, so daß der ganze Raum sogleich in überirdischem Glanz erstrahlt.

Den alttestamentlichen Ernst des Raumes mildern die köstlichen Putten in den Supraporten von Johann Maximilian Brockhoff aus Böhmen.

Die nun folgende Johanneskapelle birgt das Grabmal jenes Bischofs Johannes Turzo, der — aufgeschlossen für die Strömungen seiner Zeit — Breslaus späteren Reformator Johannes Heß aus dem Kreis um Luther und Melanchthon als Sekretär zu sich gerufen hat.

Sehenswert — doch wegen der schlechten Lichtverhältnisse nur schwer zu erkennen — sind die einzigen aus dem 15. Jahrhundert erhaltenen Wandmalereien an den Seitenwänden des Nordschiffs. Drei übereinanderliegende Freskomalereien sind an der nördlichen Wand auszumachen. Das obere — „Martyrium der 10 000 Soldaten" — ist nahezu unkenntlich, das mittlere zeigt den Märtyrertod der hl. Ursula. (Die Heilige ist zu Schiff — vor einer Rheinlandschaft — vor dem Mast stehend abgebildet, der tödliche Hunnenpfeil steckt in ihrem Hals.) Die Malerei darunter zeigt ein Bischofswappen zwischen Johannes dem Täufer und Johannes dem Evangelisten.

An vielen Kapellen und Grabdenkmälern vorbei kommen wir zur Totenkapelle. Domdechant Johann Christoph von Rumerskirch stiftete sie 1749 als letzte der barocken Kapellenanbauten. Kleiner und bescheidener als die übrigen, bietet sie einen sehr harmonischen Raumeindruck. Felix Anton Scheffler hatte sie mit Todes- und Auferstehungsmotiven geschmückt. Seine Fresken sind schon beim Brand von 1759 schwer in Mitleidenschaft gezogen worden, haben unter mißglückten Restaurationsversuchen gelitten und sind nach 1945 schließlich durch moderne Arbeiten ersetzt worden.

„Die Wahrheit besiegt die Lüge".
Marmorgruppe von Domenico Guidi (Dom, Elisabethkapelle)

Das Diözesan-Museum

Beim Verlassen des Domes biegen wir wieder nach rechts, gehen zum „Klößeltor" zurück und finden in der winkligen Göppertstraße (ul. Kanonia) das Diözesanmuseum. Nur selten verirrt sich ein Besucher hierher. Doch es lohnt! Fürstbischof Kardinal Kopp hat das Museum Ende des vorigen Jahrhunderts ins Leben gerufen. Es sammelte sakrale Kunstgegenstände aus der ganzen Diözese. Durch Auslagerung suchte man der Bombengefahr im Zweiten Weltkrieg zu begegnen; dabei sind gerade die ausgelagerten Teile der Sammlung in den Wirren nach Kriegsende am stärksten dezimiert worden. Zu den schmerzlichsten Verlusten gehören zwei Madonnenbilder von Lucas Cranach d. Ä. Betrüblich auch, daß danach noch die wertvollsten Stücke nach Warschau abgegeben werden mußten.

Die Ausstellungsobjekte sind auch englisch und französisch beschriftet, so daß die Orientierung leichter fällt. Aber man muß ständig „umdenken", weil nicht nur die Orts-, sondern auch die deutschen Vornamen polonisiert wurden. Besonders erwähnen möchte ich:

Im Fenstergang gleich links das Holztafelbild „Schmerzensmann" als typisch schlesisches „Erbärmdebild" aus der Zeit um 1500.

Gleich daneben das Epitaph für den Breslauer Domherrn Michael Weidner, „Der barmherzige Samariter", wobei besonders das ausdrucksstarke Porträt des Stifters ins Auge fällt.

Neben der Tür zum Erdgeschoß-Saal eine Schöne Madonna aus Rogau. Im Saal selbst an der linken Seitenwand die wertvollsten Stücke:

„Kreuzigung", Holztafelbild eines schlesisch-böhmischen Meisters, um 1400, aus der Ägidienkirche.

„Rosenkranztafel", eine wundervolle schlesische Arbeit aus der Zeit ums Jahr 1500 mit vielen köstlichen Details (aus Würben, Kreis Ohlau).

„Christus, der Keltertreter", Innenseite eines Altars aus der Corpus-Christi-Kirche, etwa 1480 bis 1490 von einem Breslauer Meister geschaffen.

*An der Wand rechts vom Eingang die beiden Doppelflügel des ver-
schollenen Hauptaltars vom Breslauer Dom, von Bartholomäus
Fichtenberger.*

*Auf dem Treppenabsatz zum ersten Stock links Holztafelbild
„Mariä Tod" aus Langendorf O/S, Anfang 15. Jahrhundert, von
einem böhmisch-schlesischen Meister. Das Marienantlitz ist von se-
ligem Frieden erfüllt, die Gottesmutter umgeben von hervorragend
charakterisierten Apostelgestalten.*

*Im ersten Stock Fenstergang mit Tischvitrine. Darin eine fotoko-
pierte Seite der ältesten schlesischen Handschrift, des Gründungs-
buchs des Klosters Heinrichau. Ums Jahr 1270 hat Abt Peter die
Gründungsgeschichte des Klosters (ab 1227) in lateinischer Sprache
für die Nachwelt festgehalten. Dabei schien es ihm wichtig, in
einem Beispiel auch die Sprache der slawischen Ur-Einwohner zu
überliefern. Die wenigen hier aufgezeichneten Worte sind der älteste in polnischer Sprache geschriebene Text.*

*Im folgenden Eckzimmer Tischvitrinen mit einem großartigen spät-
romanischen Prozessionskreuz. Im anschließenden Saal beeindruckt
das Gewölbe durch seine klassische Schlichtheit. Hier sind wunder-
schöne Kelche, Monstranzen und anderes Kirchengerät zusammengetragen; alles überzeugende Zeugnisse der zu hoher Blüte gelangten Breslauer Goldschmiedekunst. Ein ganz einmaliges Stück ist der
überdimensionale Archivschrank aus dem Jahre 1455.*

*Zurück zum Hauptflur mit Büchervitrinen, deren Inhalt häufig
wechselt, und hinauf in den zweiten Stock. Dort finden wir am
Ende einer Ausstellung prunkvoller Gewänder das Original der
Johannes-Plastik vom Dom.*

Sehr gut läßt sich an die Besichtigung des Doms und des Diöze-
sanmuseums ein Ausflug nach Scheitnig und zur Jahrhunderthalle
anschließen. Mit dem Wagen fährt man dorthin vom Domplatz
ostwärts etwa zwei Kilometer immer geradeaus durch die Scheitniger Straße (ul. Szczytnicka) und findet an der großen Kreuzung
des Scheitniger Stern (geradeaus weiterfahren!) Anschluß an unsere Führungsroute auf Seite 154. Sonst bringen Sie die Straßen-
blahnlinien 2, 10 und 12 (Haltestelle östlich des Domplatzes ul.
Szczytnicka/ul. Wieczorka) zur Jahrhunderthalle (Hala Ludowa).
Wer vom Dom zur Innenstadt zurückgehen möchte, sollte den

Weg über den Domplatz südwärts zur Oder und zur ehemaligen Lessingbrücke (Most Pokoju) nehmen, um am jenseitigen Ufer den Blick auf die Kirchen der Dominsel zu genießen. Von der Brücke bietet sich ein überraschender Ausblick auf die barocke Silhouette des Universitätsviertels. Stromauf lagert breit am Südufer das Provinzial-Regierungsgebäude im Stil der dreißiger Jahre, heute Sitz des Volksrates der Wojewodschaft Breslau. Weiter stromauf schwingt sich die Kaiserbrücke (Most Grunwaldzki) über den Strom.

Lessingplatz und Neustadt

Nationalmuseum schlesischer Kunst

Am südlichen Ende der früheren Lessingbrücke (Most Pokoju) steht in Bauformen der Neo-Renaissance das Regierungsgebäude von 1886. Darin befindet sich heute das polnische „Nationalmuseum schlesischer Kunst". Die Bestände stammen zum großen Teil aus dem im Krieg zerstörten Schlesischen Museum für Kunstgewerbe und Altertümer und bieten einen qualitätvollen, sehenswerten Querschnitt durch die Vielfalt künstlerischen Gestaltens ins Schlesien.

Leider ist der in deutscher Sprache erschienene „Führer durch die Dauerausstellungen" fast ständig vergriffen. Ein besonderes Ärgernis ist die häufige Schließung gerade der wichtigen Abteilungen zugunsten belangloser zeitgenössischer Darbietungen. Ein weitgereister Besucher aus Deutschland darf gewiß darum bitten, ihm eine der für ihn besonders wichtigen Abteilungen für eine Stunde zu öffnen.

Erdgeschoß
Schlesische Steinplastik, 12. bis 14. Jahrhundert

Hier steht das schönste Zeugnis mittelalterlicher Denkmalkunst in Schlesien, die Grabtumba Heinrichs IV. Sie entstand um 1300

Pietá aus der Sandkirche

in einer obersächsischen Werkstatt. Mich ergreift immer von neuem das blutvolle Leben, die jugendfrische Tatkraft und die überlegene Würde, die dieses Fürstenantlitz ausstrahlt. So lebensnah ruht der Herzog auf dem Sarkophag, daß man sein verhaltenes Atmen und ein leises Klirren in dem so zierlich gearbeiteten Panzerhemd auf seiner Brust zu vernehmen glaubt.

Der Trauerzug unterhalb der Platte weist auf burgundisch-westeuropäische Vorbilder hin. Vier Engel tragen die Bahre. Zu Füßen führt Bischof Thomas II. mit zwei Priestern das Trauergeleit an. Auf der Schwertseite folgt die herzogliche Familie, voran Heinrich V., ein Vetter des Verstorbenen. Es folgt die Herzoginwitwe, Mechthild von Braunschweig, nach drei Pagengestalten. Den Schluß bildet die Gemahlin Heinrichs V. mit Edelfrauen. Künstlerisch weniger bedeutend sind die Priestergestalten auf der Schildseite.

Neben dem aus späterer Zeit (Ende 14. Jhdt.) stammenden Grabmal des in der Mongolenschlacht gefallenen Herzogs Heinrich II. gibt es eine Vielzahl instruktiver Beispiele romanischer Plastik in Schlesien zu sehen. Sie alle verblassen vor der ergreifenden, innigen Pietà aus der Sandkirche (um 1400, Kalkstein, farbig gefaßt). Sie ist — nachdem die berühmte Breslauer „Schöne Madonna" ins Warschauer Nationalmuseum deportiert wurde — das hervorragendste hier verbliebene Werk des „Weichen Stils" jener Zeit.

Erstes Obergeschoß rechts:
Schlesische Kunst des Mittelalters, 14. bis 15. Jahrhundert

Der Weg durch die Bilder schlesischer Frömmigkeit im Mittelalter ist wohl das beglückendste Erlebnis in diesem Museum. Er führt von Höhepunkt zu Höhepunkt.

Gleich zu Beginn fesselt die spröde Anmut der „Löwenmadonna" aus Hermsdorf bei Brieg (Skarbimierz), eine in Schlesien besonders beliebte Sonderform der Marienplastik, von zwei Diakonen flankiert, auf einem Löwenthron sitzend, die kugeligen Köpfe von einem fast archaischen Lächeln belebt. (Die schönste der schlesischen Löwenmadonnen aus Rengersdorf bei Glatz aber finden wir ganz bequem im Germanischen Nationalmuseum Nürnberg.)

Gleich darauf begegnen wir jenen monumentalen Apostelstatuen, die einmal hoch über dem Mittelschiff in der Maria-Magdalenen-kirche gestanden haben. Hier und im nächsten Raum zwei hervorragende Werke der Malerei: Die Striegauer „Anna Selbdritt" in ihrer strengen kompositorischen Harmonie, der sich auch die eigenwillig kühle Farbgebung unterordnet, sowie das Tafelbild eines böhmischen Meisters, die „Przeslaus-Madonna" aus der Mansionarienkapelle des Doms.

Das große Kruzifix aus Goldberg (Zlotoryja) und die Figuren der Maria und des Johannes aus der Elisabeth-Kirche, Breslau, sind Beispiele der Verinnerlichung im „Schönen Stil" jener Zeit. Die „Madonna im Gemach" ist das Werk eines der großen Meister der deutschen Malerei im 15. Jahrhundert, von dem wir nicht viel mehr wissen, als daß er aus Bayern über Wien nach Breslau kam und hier seßhaft wurde. Sein Ruhm gründet auf seinem — jetzt verschollenen — Breslauer „Barbara-Altar".

Wundervolle Schnitzaltäre des zu Ende gehenden 15. Jahrhunderts beschließen diese Abteilung, an erster Stelle der an Personen und Bewegung reiche „Marientod-Altar" (1492) aus der Corpus-Christi-Kirche. Er läßt Vergleiche mit dem Riesenwerk des Marientod-Altars in Krakau zu, das Veit Stoß dort im Auftrag der deutschen Gemeinde geschaffen hat. Dem Breslauer Altar fehlt die Schärfe und Härte des Vorbilds. Doch wer würde nicht die kugelrunden schlesischen Bauernschädel wiedererkennen, die dem Künstler als Modell gedient haben mögen?

Schlesische Kunst der Neuzeit, 16. bis 18. Jahrhundert

Im Eingangssaal sehen wir ein großflächiges Epitaph für Johannes Heß, den Reformator Breslaus. Die Komposition geht auf ein Werk Lucas Cranachs zurück: „Gesetz und Gnade." Der das Bild teilende Baum ist auf der linken, der alttestamentlichen Seite abgestorben, aber begrünt auf der neutestamentlichen Seite.

Im nächsten Raum habe ich einen besonderen Freund, den Abt des Augustiner-Chorherrenstiftes auf dem Sande, Bartholomäus Fuchs (gest. 1620). Schauen Sie ihm aufmerksam in sein gütiges, schlesisches Gesicht voll ernster Verantwortung. Weil er viel

Geld aufgewandt hat, seinem Stift prächtige Meßgewänder zu verschaffen, hat auch der Bildhauer seine Kasel mit besonderer Delikatesse gestaltet.

Besonders aufschlußreich für die Stadtgeschichte ist im nächsten Raum die Sammlung von 18 Porträts Breslauer Ratsherren, darunter auch Hofmann von Hofmannswaldau. Im anschließenden Seitenkabinett zeugen die prächtigen Wappenschilde, Pokale und Kannen der Zünfte vom hohen Können der Breslauer Goldschmiede und Zinngießer.

Die Skulpturen Matthias Steinls und Christoph Königers in Saal 5 leiten über zum Höhepunkt schlesischer Bildhauerkunst mit den Figuren Thomas Weissfelds und der reizenden „Heiligen Familie" von Michael Klar d. Ä. Den Beschluß machen monumentale Schnitzwerke vom Orgelprospekt der Magdalenenkirche von Johann Urbanski.

Zweites Obergeschoß
Ausländische Malerei, 15. bis 20. Jahrhundert

Mit ausländischer Malerei ist vorwiegend die deutsche gemeint. Die Sammlung ist nicht ganz leicht zu finden. Folgen Sie den Schildern „Galeria malarstwa obcego". Beginnend mit einigen instruktiven und qualitätvollen italienischen Werken des 15. und 16. Jahrhunderts, führt sie von den fränkischen Werkstätten um 1500 über die niederländische Malerei zu den österreichischen Künstlern des Barock, über Menzel, Ludwig Richter und Spitzweg zur Moderne der Kurt Schwitters, Oskar Moll, Johannes Molzahn und Otto Mueller.

Holteihöhe

Beim Verlassen des Museums liegt vor uns der Lessingplatz, so genannt zur Erinnerung an Gotthold Ephraim Lessings Aufenthalt in Breslau. Den Eingang verschönern vier steinerne Rokoko-

Damen. Sie haben einst zu elft im Scheitniger Park gestanden. Ihre sieben Schwestern ließen sich nach Warschau entführen.

Rechts davon ist nach langdauernden Schwierigkeiten das „Panorama Raclawicka" eröffnet. In dem zylindrischen fensterlosen Betonbau ist ein riesiges historisches Rundgemälde untergebracht, das sich früher in Lemberg befunden hat. In einer einstündigen, durchaus beeindruckenden Schau wird die Schlacht von Raclawice lebendig, in welcher Polens Nationalheros Tadeusz Kościuszko am 4. 4. 1794 ein russisches Heer im Befreiungskampf schlug.

Wir wandern nach rechts, vorüber an einem kleinen Teich, der sich zur Oder öffnet. Er ist das Relikt der ehemaligen östlichen Ohlemündung. Hier beginnt das Gelände der früheren Neustadt zwischen den schon lange zugeschütteten Mündungsarmen der Ohle.

Nun ist die „Holteihöhe" zu ersteigen. Sie war ein Teil der Stadtbefestigung, die „Ziegelbastion", welche die Breslauer in Vorahnung kommender Dinge vor Ausbruch des Dreißigjährigen Krieges wider eine Bedrohung von der Dominsel her errichtet hatten.

Karl von Holtei (1798 bis 1880) gehört gewiß „nicht zu den großen, wohl aber zu den liebenswürdigen Gestalten der deutschen Dichtung" (W. Menzel). Er war Dichter, Schauspieler, Redakteur, Sänger in einem. Geboren und gestorben in Breslau, aber ein Leben lang umhergetrieben in allen Städten Mitteleuropas zwischen Graz und Riga, Preßburg und Paris. 40 Bände umfaßt sein Werk; Schreiben war ihm Leben schlechthin. Die Schlesier lieben ihn um seiner Mundartdichtung willen. „Suste nischt, ok heem!" ist ihr Wahlspruch geblieben.

Der Gang zur Ziegelbastion war Holteis gewohnter Spazierweg in seinen letzten Lebensjahren. Hier schaute er hinüber auf den Dom, die Kreuzkirche und die Sandkirche, an denen still und breit die Oder vorbeizieht. Der Dreiklang der Kirchen, der Strom, das blühende Grün der erzbischöflichen Gärten am Wasser... wie ein weicher Mollton klingt die Weite des Ostens an.

Architektur-Museum und Neumarkt

Wir stoßen wieder auf die Breite Straße (ul. Purkyniego), queren
hinüber zu der gotischen turmlosen Bernhardinkirche und kommen an ihrer Westseite vorbei zum Kloster St. Bernhardin, 1453
auf Betreiben Capistranos errichtet, heute Architekturmuseum.

*Wertvollster Besitz ist das Jaxa-Tympanon (1162), ein sehr frühes
Werk dieser Art und jedenfalls das älteste im Gebiet des heutigen
Polen. Es stammt vom Vinzenzkloster auf dem Elbing, wurde nach
dessen Abbruch am Allerheiligen-Hospital verwendet und zweihundert Jahre später — als das alte Hospital einem Neubau weichen
mußte — noch einmal ins Burgfeld-Zeughaus umgesetzt, wo es mit
der Schauseite nach innen (!) als Türsturz dienen mußte. Aus dieser
Zeit stammt die auf der Rückseite eingemeißelte Inschrift „Königl.
Preuss. Provianthaus".*

*Das Sandsteinrelief zeigt Christus als Weltenherrscher in einer
Mandorla, die Rechte zum Segen erhoben. Links bietet Boleslaus
Kraushaar Christus das Abbild einer von ihm gestifteten Kirche mit
der Aufschrift „bytom" dar, rechts Jaxa, der Schwiegersohn Peter
Wlasts, mit seiner Frau. Bewundernswert ist die vollendete künstleri-
sche Behandlung der Gewänder.*

*Im Kreuzgang steht eine farbig gefaßte Statue des auferstandenen
Heiland, ursprünglich am Hospital zum Heiligen Grab angebracht,
wo wir später noch die Nachbildung des Originals sehen werden. (s.
Seite 152).*

*Im Chor der Bernhardinkirche ist eine umfängliche Ausstellung
„Breslau gestern, heute und morgen" aufgebaut. An zwei großen
Modellen wird der Bauzustand der Stadt um 1740 und heute gezeigt. Eine Fotoserie dokumentiert moderne deutsche Architektur
der zwanziger Jahre, doch handelt es sich wohl hier um rasch wechselnde Ausstellungen.*

Durch die Kirchstraße (ul. Bernardyńska) kommen wir am spätgotischen Portal der Bernhardinkirche vorbei zur Breiten Straße
zurück, gehen nach links und kommen zur Münzstraße (ul.
Kraińskiego). Hier floß der westliche Mündungsarm der Ohle um
die Neustadt herum und trennte sie von der Altstadt. Ein Bruch-
stück der alten Stadtbefestigung ist nach 1945 rekonstruiert wor-

den, während rundum ganze Straßenzüge noch immer vom Bombensturm plattgewalzt darniederliegen.

Ein paar Schritte weiter stehen wir am Neumarkt (Nowy targ). Bis zur Zerstörung 1945 war er von vielen spitzgiebeligen alten Bürgerhäusern umgeben, die sich hier länger erhalten hatten als auf dem Ring. Hier gab es bis zuletzt noch das Gewühl des Marktes mit Buden, Verkaufsständen und dörflichen Pferdegespannen, den „Tippelmarkt" (Topfmarkt) und — unvergeßliches Kindheitswunder — den Weihnachtsmarkt im tiefen Schnee, mit lichterfunkelnden Buden, leckerem Duft nach „Liegnitzer Bomben" und „Pflastersteinen" aus Pfefferkuchenteig.

Wer weiß heute noch davon? Wer will wissen, daß hier auf barockem Brunnen Gott Neptun seinen Dreizack erhob, von den Breslauern respektlos-liebevoll „Gabeljürge" genannt? Hier gibt es heute wirklich nichts Sehenswertes mehr. Wir gehen weiter durch die Katharinenstraße (ul. Sw. Katarzyny), vorbei an einem auffälligen Backstein-Neubau auf dem Grundstück der ehemaligen Katharinenkirche. In seiner sakralen äußeren Hülle verbergen sich ein Konzertsaal und ein hübsches kleines Café.

Rund um die Altstadt

Adalbertkirche

Die Adalbertkirche steht an dem stadtgeschichtlich wichtigen Kreuzungspunkt von „Hoher Straße" und „Bernsteinstraße", wo sich auch heute wieder die Verkehrsströme treffen.

St. Adalbert ist folgerichtig an dieser Stelle als erste Pfarrkirche der Stadt außerhalb des Dombezirks errichtet worden. Zu Anfang des 13. Jahrhunderts übergab Bischof Laurentius die Kirche dem Dominikanerorden zur Gründung eines Klosters. Sein erster Abt war der Sel. Ceslaus, dessen Gebete 1241 die Mongolen vertrieben haben sollen. Bald danach ist mit dem heutigen Bau begonnen worden.

Im Inneren sehen wir das schon bekannte Bild weißer Wandflächen und Arkaden mit ziegelroten Gewölberippen. Reste alter Fresken haben sich im Eingang zur Sakristei im südlichen Querschiff erhalten. Dort steht auch ein gotischer Taufstein. Beeindruckend wiederum die stille Kraft der modernen Glasfenster.

Auch dieses Gotteshaus besitzt eine prunkvolle Barock-Kapelle (1711—1730), die dem Sel. Ceslaus geweiht ist. Benedikt Miller, Urban Räuscher und Johann Adam Karinger sind die Breslauer Baumeister und Bildhauer, die an dem Bau mitwirkten. Den Sarkophag aus Alabaster und Marmor schuf der Schweidnitzer Bildhauer Georg Leonhard Weber, während die Fresken in den Gewölbezwickeln von Johann Jacob Eybelwieser, einem Willmann-Schüler, stammen. Der Holländer Franz de Bakker schuf die Seitengemälde.

Beim Verlassen der Kirche gehen wir geradeaus in die Albrechtstraße (ul. Wita Stwosza) hinein, einst die Straße der prächtigsten Patrizierhäuser. Auf dem heute leeren Eckgrundstück linker Hand stand das Schreyvogel-Palais, erbaut von Wiens überragendem Barockbaumeister Lukas von Hildebrandt, das allerdings schon vor der Jahrhundertwende einem neo-barocken Hauptpostgebäude hatte weichen müssen. Erhalten blieb lediglich das Portal, das heute am Haus Ring Nr. 4 zu sehen ist.

Albrechtstraße Nr. 32 auf der rechten Seite war das Palais der Familie Hatzfeldt, jener Bau, mit dem der junge Langhans seinen Ruf als Architekt einer neuen Zeit begründete. Der Säulenportikus und die Einfahrtshalle sind nach schweren Schäden erneuert und mit modernen Anbauten versehen worden. Wer heute die hier installierten Ausstellungsräume — eine Galerie moderner Kunst — betritt, mag in Foyer und Treppenhaus noch immer einen Hauch der vornehmen Atmosphäre dieses Hauses verspüren.

Schräg gegenüber gibt es in der Bischofstraße (ul. Biskupa) ein schönes Renaissanceportal zu entdecken, das vom Haus Nr. 12 am Ring hierher versetzt wurde. Dann steuern wir zur Christophorikirche hinüber.

Von der Christophorikirche
zum Tauentzienplatz

Wohl jeder Breslauer liebte dieses bescheidene Kirchlein, das mit seinem steilen Dach und dem gedrungenen Zwiebelturm hinter schattigen Bäumen ein Stück ländlicher Idylle mitten ins Getriebe der Großstadt zauberte. Heute steht es — wie von aller Welt verlassen — allein in radikal veränderter Umgebung und ist uns besonders teuer geworden, weil es der kleinen, in Breslau zurückgebliebenen deutschen evangelischen Gemeinde als Gotteshaus dient. (Deutscher Gottesdienst ist gegenwärtig jeden Sonntag um 9.30.)

Schon 1267 stand hier eine der Ägyptischen Maria geweihte Kapelle. Die Christophorikirche, Tochterkirche von St. Maria-Magdalena, wurde ab 1409 erbaut. Kein Pole wird zu erwähnen vergessen, daß hier noch zu Anfang des 19. Jhdt. polnisch gepredigt wurde. Gewiß erstaunlich, da doch das österreichische Oberamt 1716 den Druck einer polnischen Zeitung nicht gestattete, weil „wenige allhier der Sprache kundig" waren, und doch leicht zu erklären, weil es die Kirche der Kürschner-Innung war, die enge Verbindung zu den Händlern aus Polen und Masuren unterhielt und ihnen Gelegenheit gab, Gottesdiensten in ihrer Sprache beizuwohnen. Sehen wir es als Zeichen der Versöhnung, daß in diesem Gotteshaus gestern wie heute nationale Engstirnigkeit keinen Platz gefunden hat.

Das Innere ist nach allerschwersten Zerstörungen vom polnischen Staat, auch mit ökumenischer Hilfe, stimmungsvoll wieder hergerichtet worden. Entdeckungsfreudige finden außen an der Nordseite den Grabstein des Stadtbaumeisters Christoph Hackner, dem eine Mitwirkung am Bau der Universität zugeschrieben wird.

Am Haus Nr. 30 der Weidenstraße (ul. Wierzbowa) erzählt ein Rokokoportal von besseren Tagen: Dieses Gebäude ist einmal das Stadthaus der Grafen von Oppersdorf gewesen und hat August den Starken mehrfach auf seinen Reisen nach Polen beherbergt. Hier in der Nähe hat auch die „Kalte Asche", Breslaus Theater im 18. Jahrhundert, gestanden. Am Ende der Weidenstraße nehmen uns schattige Anlagen auf. Wir dürfen aufatmen:

Das neue Breslau, wie es sich zwischen Neumarkt und Weidenstraße präsentiert, lassen wir gerne hinter uns und suchen Erho-
lung auf der Liebichshöhe (Wzgórze Partyzantów).

Die Anlage steht auf einem erhaltengebliebenen Teil der Stadtbefe-
stigung, der „Taschenbastion", die 1945 noch einmal militärischen
Zwecken dienen mußte, als ihre Gewölbe die Festungskommandan-
tur aufzunehmen hatten. Die Kolonnaden haben die Breslauer Kauf-
leute Adolf und Gustav Liebich 1866 errichten lassen. Sie waren
gekrönt von einem 1945 gesprengten Aussichtspavillon. Von ihm
aus hatte man einen umfassenden Ausblick auf die Stadtsilhouette.
Wen es interessiert, der kann in den Kasematten eine (ziemlich ein-
seitige) Ausstellung von Dokumenten der Festungszeit vom Frühjahr
1945 anschauen.

Die Anlagen führen uns am Stadtgraben entlang nach Westen,
vorüber an einem bronzenen Amor auf dem Pegasus (v. Gosen,
1910) zu dem Platz, wo bis zur napoleonischen Zeit das
Schweidnitzer Tor gestanden hat. Über dem Stadtgraben liegt
linker Hand das Kaufhaus PDT (früher „Wertheim"), ein moderner Bau vom Ende der zwanziger Jahre.

Auf dem Tauentzienplatz (Pl. Kościuski) vermissen wir schmerz-
lich Langhans' Grabmal für Breslaus tapferen Stadtkommandan-
ten. Es war eine der edelsten Schöpfungen klassizistischer Denk-
malskunst. Heute ist hier wohl der einzige Ort in Breslau, der
großstädtisches Leben spüren läßt.

Stadteinwärts bietet sich uns zur Schweidnitzer Straße (ul. Swidnicka) fast unverändert das alte Stadtbild, das wir Breslauer in
den Jahren der Vertreibung mit uns getragen haben. Die Dorotheenkirche überragt das Stadttheater, gegenüber antwortet der
steile Backsteingiebel der Corpus-Christi-Kirche. Um das zinnen-
gekrönte „Café Torwache" — früher beliebter Treffpunkt beim
Stadtbummel, heute Kunstgalerie — pulsiert das Leben der
Stadt.

Über die Schweidnitzer Straße zum Schloß

Die Corpus-Christi-Kirche, zu Anfang des 14. Jahrhunderts errichtet, trägt einen besonders feingegliederten Backsteingiebel.
Von den einstmals reichen Kunstschätzen der Kirche ist jetzt nur

Einkaufsgedränge vor der Kulisse von Stadttheater,
Hotel Monopol und Dorotheenkirche

noch eine Johann Georg Urbanski zugeschriebene Pietà zu
sehen.

Das Stadttheater gegenüber, 1841 von Carl Ferdinand Langhans d. J. erbaut, nach zwei Theaterbränden 1865 und 1871 wesentlich verändert, diente als Opernhaus, während Schauspiel
und Operette im „Schauspielhaus" in einer Seitenstraße der Gartenstraße (ul. Gen. K. Swierczewskiego) gepflegt wurden. In beiden Häusern spielt sich auch heute das offizielle Theaterleben ab.
(Über Polens Grenzen hinaus aber ist das experimentelle Theater
„Teatr Laboratorium" Grotowskis bekannt geworden.)

*Ein paar Stichworte aus der Geschichte des Stadttheaters: Eröff-
nung am 13. November 1841 mit „Egmont", Wiedereröffnung nach
dem Brand von 1865 mit „Faust" unter Theodor Lobe, der die
Bühne bis 1870 leitete. 1892 kam Theodor Löwe aus Wien. Unter
ihm wurde die Breslauer Oper zum internationalen Sprungbrett
großer Künstler und zum experimentierfreudigen deutschen Erstauf-
führungstheater (1893 Verdi „Othello", 1913 Mussorgski „Boris
Godunow"); Richard Strauß' „Salome" hatte hier unmittelbar nach
der Dresdner Uraufführung den ersten sensationellen Erfolg.*

Zwischen Stadttheater und Hotel „Monopol" hindurch gewinnen
wir von der Mitte des Schloßplatzes aus — über dem Stadtgraben das ehemalige Polizeipräsidium und die Türme des Land-
und Amtsgerichts — einen malerischen Rückblick auf die Giebel
der Corpus-Christi- und der Dorotheenkirche, deren ungeheures
Dach uns schon lange angezogen hat. „Eine ganz große Kirche,
an Höhe fast einem Berge vergleichbar", staunte im Jahre 1512
Barthel Stein in seiner Stadtbeschreibung.

*Das Grundstück hat Karl IV. bei der von ihm angeordneten Stadt-
erweiterung den Augustiner-Eremiten zur Errichtung von Kirche
und Kloster gestiftet. 1352 wurde mit dem Bau des Chores begonnen. Baumeister war ein Sohn des Peter Parler, der maßgebend am
Veitsdom in Prag mitgewirkt hat.*

*1524 fand in der Dorotheenkirche die Disputation statt, mit der die
Reformation ihren Durchbruch in Breslau erzielte. Später ist das
Kloster den Franziskanern übergeben worden. An seiner Stelle steht
heute das Hotel „Monopol".*

*Der Innenraum, „wie ihn vollendeter die Breslauer Gotik nirgend-
wo aufzuweisen hat" (F. Landsberger), ist im architektonischen
Plan der Sandkirche vergleichbar. Er hat aber seine barocke Ausstattung (1720 bis 1730) bewahrt. Die Renovierungsarbeiten haben
das hinreißende Zusammenspiel gotischer und barocker Formen
wieder in alter Schönheit zur Geltung gebracht.*

*Rechts vom Eingang steht das Grabmal des Freiherrn von Spaet-
gen, aus dessen Nachlaß Friedrich d. Gr. ein Palais erwarb, das er
zu seinem Stadtschloß ausbaute. Das Denkmal gilt als wichtiges
Zeugnis der Rokokoplastik in Schlesien, doch können wir seinen
phantastischen Dekorationen heute nur schwer etwas abgewinnen.*

Durch das enge Dorotheengäßchen (ul. Sw. Doroty) kommen wir
zu einer in jüngster Zeit angelegten Stadtschnellstraße. Sie folgt
dem Lauf der früheren, 1866 zugeschütteten Stadtohle und bezeichnet die älteste Stadtbegrenzung bis zur Mitte des 14. Jahrhunderts. Wenige Schritte nach links bringen uns zu dem schon
erwähnten Spaetgen-Palais. Es hat Preußens Königen als Schloß
gedient. In seinen Räumen stiftete 1813 Friedrich Wilhelm III.
das Eiserne Kreuz als Tapferkeitsauszeichnung.

*Das Hauptgebäude bildet den Abschluß eines von Seitenflügeln aus
späterer Zeit umschlossenen Ehrenhofes. Es ist um 1710, vermutlich
von Blasius Peintner nach einem Entwurf von Lukas von Hildebrandt, errichtet worden. Friedrich der Große hat später einen nach
Süden gerichteten Flügel anbauen lassen. Anfang des 19. Jahrhunderts entstand der Kolonnadenbau am Schloßplatz, der für die
Breslauer „das Schloß" schlechthin gewesen ist. Er ging noch nach
Kriegsende in Flammen auf.*

Heute sind im Schloß zwei Museen untergebracht.

*Das Museum für Vorgeschichte bemüht sich, seiner politischen Auf-
gabe nachzukommen, den slawischen Siedlungscharakter in der
Oderniederung möglichst schon zu Zeiten nachzuweisen, da füg-
lich von slawischen oder germanischen Völkerstämmen noch gar
nicht die Rede sein kann. Das muß man nicht für bare Münze nehmen. Wir brauchen auch gar keine nationale Brille auf unsere Nase
zu setzen, um einige interessante Stücke zu finden, die vom Leben
der frühesten Bewohner Schlesiens zeugen:
den berühmten Widder von Jordansmühl (am Zobten) aus der
Steinzeit,*

Gerätschaften und Kultgegenstände der Bronzezeit,
Keramiken der sogenannten Lausitzer Kultur,
einen einzigartigen Fund aus wandalischer Zeit: Gold-, Silber- und
Bronzegegenstände aus dem Fürstengrab von Sacrau,
römische Kleinplastiken, Münzen, Silber- und Glasgerät als Zeugen
früher Handelsverbindungen zum Mittelmeerraum.

Das Museum für Volkskunde bewahrt Gebrauchsgegenstände und
Trachten der schlesischen Landbevölkerung, vor allem aus dem 19.
Jahrhundert, auf. Daneben gibt es eine gute Sammlung von Hinter-
glasbildern zu sehen und als Kuriosum figürlich geschnitzte Bienen-
stöcke aus Höfel (heute Dworek), Kreis Löwenberg. Alte Bauern-
möbel vervollständigen die Ausstellung, die auch Gegenstände zeigt,
welche die aus Ostpolen hierher umgesiedelte Bevölkerung mitge-
bracht hat.

Gleich neben dem Schloß finden wir die ehemalige Hof-Kirche
(heute Kirche der evangelisch-polnischen Gemeinde). E. G. Kalkbrenner hat sie 1747 bis 1750 auf einem Grundstück errichtet,
das Friedrich der Große der evangelisch-reformierten Gemeinde
schenkte.
Ein schlichter und klarer Bau, der Innenraum von fast klassizisti-
scher Kühle. Zwei Emporen schwingen im Oval auf Altar und Kan-
zel hin, die übereinander angeordnet die Stirnseite beherrschen.
Tritt man ein, ist geradezu körperlich die puritanische Glaubens-
strenge der Gemeinde zu fühlen, die sich dieses Gotteshaus schuf.

Karlsplatz

Wir kommen zum Karlsplatz (Pl. Bohaterów Getta), bis 1824 Ju-
denplatz genannt und Mittelpunkt der früher in großer Zahl von
Juden bewohnten umliegenden Straßen. Hier war das Reich der
Ehrental, Löbel Pinkus und Veitel Itzig aus Gustav Freytags
„Soll und Haben". Wer die verwinkelten Gassen in Prag zwischen Moldau und Altstädter Ring kennt, mag sich vorstellen,
wie es hier bis zum Zweiten Weltkrieg ausgesehen hat. Die gut-
gemeinte Rekonstruktion „historischer" Bürgerhäuser an der früheren Krullstraße (ul. Psie Budy) kann davon nicht im entfernte-
sten einen Eindruck geben.

Die jüdische Gemeinde in Breslau war 1933 mit über 30 000 Ange-
hörigen nicht nur die zweitstärkste in Deutschland, sie zählte auch
zu den geistig regsamsten auf dem Kontinent. Das Breslauer Rab-
binerseminar war das älteste in Deutschland und eine der bedeu-
tendsten Lehrstätten jüdischer Religion. Das zugehörige Seminar-
gebäude (Synagoge zum Weißen Storch) ist noch immer im Hof
Wallstraße Nr. 7 (ul. P. Wlodkowica) zu sehen: ein stilreiner Bau
in edlen Proportionen, geschaffen von Carl Ferdinand Langhans
(1827 bis 1829), nun freilich in einem erbarmungswürdigen Zu-
stand.

Nördlich des Karlsplatzes führt ein Durchgang. „Riembergshof"
genannt nach seinem früheren Besitzer, dem kaiserlichen Rat
Riemberg, auf kürzestem Weg über den Salzmarkt zum Ring.
Wir wenden uns aber ein wenig in den Roßmarkt (ul. K. Szajno-
chy) hinein. Der auffallende Bau mit dem hohen Portikus ist das
ehemalige Palais der Familie Wallenberg-Pachaly (heute Universitätsbibliothek, neuere Abteilung), 1785 bis 1787 von Carl Gotthard Langhans erbaut. Das interessante Treppenhaus und ein
schöner Saal sind der Öffentlichkeit leider nicht zugänglich.

Im Hause Pachaly verkehrte Goethe, als er 1790 nach Oberschle-
sien reiste und in Breslau Zwischenaufenthalt nahm. Sein Quartier
hatte er ganz in der Nähe, in der Reuschestraße (ul. Ruska). Wir
verstehen, daß er damals Breslau „lärmend, schmutzig und stinkend"
fand, denn hier floß die Ohle vorbei und zu ihren Seiten hatten sich
die Gerber mit ihrem übelriechenden Gewerbe angesiedelt.

Ganz in der Nähe stand das Geburtshaus Ferdinand Lassalles (1825
bis 1864), dessen „Allgemeiner Deutscher Arbeiterverein" die erste
sozialdemokratische Parteibildung in Deutschland war.

Vom Karlsplatz führt uns die Antonienstraße (ul. Antoniego) zu
der barocken Antonius-Kirche mit schwungvoller Fassade, die
den aufmerksamen Beobachter an die Matthiaskirche erinnert.
Tatsächlich hat sie der gleiche Baumeister, Matthäus Biener, nur
wenige Jahre vor der so viel prächtigeren Jesuitenkirche an der
Universität errichtet.

Vom Königsplatz zum Burgfeld

Wir stoßen erneut auf den Stadtgraben, schlendern durch die Anlagen hinauf zum Königsplatz (Pl. 1. Maja), wo das Nikolaitor

als westliche Ausfallpforte der Stadt gestanden hat. Hier ereignete es sich anno 1741, daß zwei preußische Ohrfeigen der Breslauer Selbstherrlichkeit ein Ende setzten. Um die Jahrhundertwende bekam der Platz mit dem Monumentalbrunnen seinen architektonischen Akzent. Er wurde als „Bismarckbrunnen" aufgestellt und durfte bis heute stehen bleiben, weil wohl kaum noch jemand seine ursprüngliche Bedeutung kennt.

Der gotische Turm von St. Barbara winkt herüber und lädt ein, uns auf seinem idyllischen Friedhof von den alten Mauern ihre Geschichte erzählen zu lassen.

Wie St. Christophorus war die Barbarakirche eine Filialkirche, St. Elisabeth zugehörig. Sie lag ursprünglich außerhalb der ältesten Stadtmauer. Der heutige Bau ist gegen Ende des 14. Jahrhunderts errichtet worden. Neben vielen anderen wertvollen Kunstwerken barg er eines der ältesten Breslauer Tafelbilder und den großartigen, doppelflügeligen Barbara-Altar von 1447. Davon ist nichts übrig geblieben. Der Innenraum wurde für den griechisch-orthodoxen Ritus eingerichtet und ist zumeist verschlossen.

Wir denken an den letzten deutschen Pfarrer der Barbara-Gemeinde, Ernst Hornig. Während der Festungszeit war er freiwillig in der Stadt geblieben, hatte der Kirchen-Delegation angehört, die Anfang Mai 1945 dem Kommandanten die Kapitulation nahelegte, und er hat in einem erschütternden Bericht Stimmung und Leiden der Bevölkerung in dieser Zeit überzeugend für die Nachwelt festgehalten.

Nachdenklich wandert unser Blick über das altersgraue Mauerwerk unter dem steilen Dach und bleibt an einem vermauerten Renaissanceportal hängen. Es ist die Pesttür von 1632. Wir lesen ihre Mahnung und kommen beim Verlassen des Friedhofs an der langen Front des Allerheiligen-Hospitals vorbei.

Es wurde im Jahre 1526 auf Betreiben von Johannes Heß gegründet. Als eine der ersten Städte hatte Breslau damit eine soziale Einrichtung geschaffen, für die nicht mehr die Kirche, sondern die Bürgerschaft aufzukommen hatte. Spenden und Stiftungen sicherten den Bestand des Hauses bis in die neueste Zeit. Noch im 19. Jahrhundert war es dank großzügiger Neubauten eine der modernsten und größten Krankenanstalten in Deutschland.

Zurück zur Nikolaistraße (ul. Mikolaja) und stadteinwärts bis zur Ecke der „Nowy Swiat". Hier floß einst der Ohlegraben der

Oder zu, begleitet von Reiffer- und Weißgerbergasse. Am Eckhaus zur Neue-Welt-Gasse steht die Kopie der jetzt im Architekturmuseum befindlichen Christusfigur. Hier stand das Hospital zum Heiligen Grab und eine Tafel bat die Vorübergehenden:

> Helft · umb · gotis · w
> illen · den · armen · lev
> ten · vnd · elende · kin
> dern · yn · dyssem · spital

[handschriftliche Notiz:] Helft um Gottes Willen den armen Leuten und elenden Kindern in diesem Spital.

In der Richtung zur Oder finden wir das Burgfeldzeughaus aus der Zeit des Breslauer Kampfes gegen König Podiebrad. Es wurde im Laufe der Jahrhunderte mehrfach umgebaut. Hier entdeckte man nach 1945 das romanische Jaxa-Tympanon.

Heute ist Breslaus „Historisches Museum" dort eingerichtet, das freilich kaum etwas aus der wirklichen Stadtgeschichte zeigen darf. Lediglich im Seitenkabinett des 1. Stockwerks gibt es eine Reihe alter schlesischer Stadtansichten zu sehen, darunter I. D. Schleuens „Accuraten Abriß der Stadt Breslau" aus dem Jahre des Übergangs an Preußen 1741.

Von hier ist es nicht mehr weit zurück zum Ring und zum Ausgangspunkt unseres Rundganges.

Scheitnig und die Vorstädte

Im Westen, Süden und Osten sind Breslaus Vorstädte während der Kämpfe 1945 fast vollständig zerstört worden. Moderne Wohnblocks kennzeichnen heute diese Stadtviertel. Wer als Besucher dort persönlichen Erinnerungen nachgehen will, muß sich auf Enttäuschungen gefaßt machen. Er wird kaum noch etwas von den altvertrauten Straßenzügen wiederfinden.

Anders im Odertor und teilweise auch in Scheitnig: Hier blieb die alte Struktur der Wohnviertel aus der Gründerzeit überwiegend erhalten. Neuerdings sind auch Restaurierungsarbeiten im

Gange, so daß zu hoffen ist, diese Straßenzüge werden später wieder ein erfreulicheres Bild bieten.

Wirklich besuchenswert ist außerhalb der Altstadt der Scheitniger Park mit der Jahrhunderthalle. Wir starten am Hauptbahnhof. Er ist ein imponierendes Beispiel für städtebaulichen Weitblick: Schon 1856 als eines der allerersten großstädtischen Bahnhofsgebäude errichtet, ist er noch immer allen Anforderungen gewachsen und vermutlich der dienstälteste Bahnhof auf dem Kontinent. Die Taschenstraße (ul. H. Kollataja) führt uns bis zu dem großen Verkehrsschnittpunkt vor der Adalbertkirche. Hier biegen wir nach rechts zum Postscheckamt, Breslaus erstem Hochhaus vom Ende der zwanziger Jahre. (Es beherbergt heute unter anderem ein polnisches, aus Warschau hierher verlegtes Postmuseum.) Hier winkt schon der Turm der Mauritiuskirche.

Mauritiuskirche und Websky-Schlössel

Die Mauritiuskirche war schon im 12. Jahrhundert Mittelpunkt einer wallonischen Tuchmachersiedlung. Im 13. Jahrhundert wurde sie im gotischen Stil erneuert, im 18. Jahrhundert barockisiert. Im Inneren gibt es zwei Statuen aus dem 15. Jahrhundert, „Immaculata" und „Hl. Mauritius", zu sehen, an der nördlichen Außenwand einen jüdischen Grabstein (13. Jhdt.), und auf der Friedhofsmauer verbirgt sich hinter tief herabhängenden Kastanienzweigen eine Nepomuk-Figur von J. A. Siegwitz. Grabsteine berichten von der Familie Milde, einem Bürgerhaus, dessen Name mit der Gründung bedeutender Breslauer Industriebetriebe um die Mitte des 19. Jahrhunderts verbunden ist.

Als letzter deutscher Pfarrer wirkte an St. Mauritius Erzpriester Paul Peikert. Er war ein entschiedener, aktiver Gegner des nationalsozialistischen Regimes. Über die Belagerung Breslaus 1945 hat er ein Tagebuch geführt, das in Polen und der DDR veröffentlicht wurde. Es ist ein erschütterndes Dokument der Not der Bevölkerung während der Festungszeit.

Am Mauritiusplatz, hinter der Kirche, versucht die Lazaruskirche ein wenig Sonne und Wärme für ihr schwärzliches, von den Narben der Jahrhunderte gezeichnetes Mauerwerk zu erhalten. Die

Dreifaltigkeitskirche gegenüber übt einen eigenen Reiz aus auf alle, welche die schlichte, bäuerliche Frömmigkeit schlesischer Kirchen im katholischen Bergland noch kennen und lieben.

Folgen wir der Klosterstraße (ul. R. Traugutta) weiter stadtauswärts, kommen wir schließlich zum Websky-Schlössel.

Es wurde 1732 bis 1738 als Sommerresidenz der Fürstbischöfe erbaut. 1750 erhielt es seinen wundervollen Rokokofestsaal. Später erwarb es der Kaufmann Websky, von dem es in städtischen Besitz überging. Als Standesamt hat es viele glückliche Paare gesehen.

1945 teilweise gesprengt, wieder aufgebaut, heute „Haus des Schauspielers", blinzeln seine blinden Fensterscheiben aus zartrosa getünchtem, vom Kohlestaub geschwärzten Mauerwerk in eine verständnis- und lieblose Umwelt.

Wir kehren zum Mauritiusplatz zurück, biegen dort rechts ab zur Kaiserbrücke (Most Grunwaldzki). Diese schöne Hängebrücke wurde 1912 zur Erschließung des Festgeländes in Scheitnig anläßlich der Jahrhundertfeier der Befreiungskriege erbaut. Der Wasserturm rechts stromauf, 1868 bis 1871 zur Trinkwasserversorgung errichtet, ist ein architektonisch interessantes Ingenieurbauwerk jener Zeit.

Die Brücke mündet in die Kaiserstraße (Pl. Grunwaldzki), jene Allee, auf der Gauleiter Hanke „seinen" Flugplatz anlegen ließ. Das Gelände ist heute mit modernen Bauten bestückt, in denen Institute der Universität und der TH sowie Wohnungen für Professoren und Studenten eingerichtet wurden.

Jahrhunderthalle, Scheitniger Park, Stadion

An der großen Straßenkreuzung biegen wir rechts in die Tiergartenstraße (ul. M. Sklodowskiej-Curie) ein. Bald tauchen die roten Backsteinbauten des Kliniken-Viertels auf. Hier entwickelte Johannes von Mikulicz-Radecki zusammen mit seinem Assistenten Ferdinand Sauerbruch die Unterdruckkammer für Operationen im Brustraum.

Die Paßbrücke (Most Zwierzyniecki) führt über die Alte Oder. Am Ufer gibt es eine Anlegestelle für Ausflugsboote, mit denen man Fahrten auf der Oder unternehmen kann. Etwa zweihundert

Meter hinter der Brücke finden wir links einen Parkplatz am Eingang zum Ausstellungsgelände; dort stellen wir den Wagen ab. Abstoßend, ebenso hoch wie häßlich, wirkt die spitze Stahlnadel, die den Zugang zur Jahrhunderthalle verschandelt. Sie ist das Überbleibsel einer polnischen Veranstaltung zur Feier der „wiedergewonnenen Westgebiete" anno 1948. Ihre steile Senkrechte zerreißt mit schrillem Mißklang die horizontal betonten, bei aller Monumentalität harmonischen Proportionen der Jahrhunderthalle.

Der Eingang befindet sich an der Nordseite. Die klaren, zweckbetonten Linien könnten einen unvergeßlichen Raumeindruck vermitteln, wären die Fenster nicht unverständlicherweise immer dicht verhängt.

Zur Zeit ihrer Erbauung 1913 war die Konstruktion einer solchen Halle von 130 m Durchmesser in Eisenbeton ein unerhörtes Wagnis. Die Kuppel hat eine Spannweite von 65 Metern und ist 42 Meter hoch. Man ermißt das erst ganz, wenn man hört, daß sich unter ihrer Wölbung der Turm des Postscheckamts aufstellen ließe.

Der Halle nördlich vorgelagert ist ein großes Wasserbecken mit halbkreisförmiger Pergola. Sie wurde ebenso wie die Zylinderkuppeln der Ausstellungshalle von Hans Poelzig entworfen. Ehedem setzte Breslaus Stadtgärtnerei ihren ganzen Ehrgeiz darein, Pergola und Rabatten in einem Meer von Blüten ertrinken zu lassen. Heute herrscht fast gespenstische Öde. Auch der „Japanische Garten" nördlich der Pergola ist nur der letzte Überrest einer älteren Anlage mit Mustergärten aus verschiedenen Zeiten und Weltgegenden.

Südlich der Jahrhunderthalle, über die Grüneicher Straße hinweg, liegt der Zoologische Garten. 1865 gegründet, gehört er zu den ältesten Anlagen in Europa. In seiner Geschichte hatte er bedeutende Zuchterfolge zu verzeichnen. Seine Bauten galten zu ihrer Zeit als vorbildlich. Vor dem Krieg begann der Ausbau moderner Freigehege, der nach 1950 weitergeführt worden ist. Mit 2000 Tieren hat der Garten wieder seinen Vorkriegsstand erreicht.

Wir kehren zum Wagen zurück und fahren noch ein Stück auf der Grüneicher Straße (ul. Wróblewskiego) stadtauswärts, bis wir hinter der Jahrhunderthalle links in die Kopernikusstraße (ul. Kopernika) einbiegen können. Rechter Hand liegt nun ein Häuserviertel, das 1928/29 anläßlich einer Architekturausstellung mit damals mustergültigen Ein- und Mehrfamilienhäusern und Wohnblocks erstellt wurde. Ein Produkt dieser Ausstellung ist auch das wenig später rechts sichtbar werdende „Parkhotel" (heute Sportheim), 1928 von Hans Scharoun erbaut. Links im Park eine der in Oberschlesien häufig anzutreffenden Schrotholzkirchen.

Nach der Sternwarte (rechts) folgen wir der breiten Allee (ul. Mickiewicza) nach rechts bis zur nächsten größeren Abzweigung. Rechts liegt die Siedlung Zimpel, erbaut in den zwanziger Jahren. Wir biegen aber links in die Straße Am Sportfeld ein (Al. Olimpijska), zur Rechten ein riesiges Gelände für Massenveranstaltungen, die „Friesenwiese", bald darauf der Eingang zum Stadiongelände. Es wurde 1926 bis 1937 nach Plänen von Richard Konwiarz ausgebaut, die 1932 mit einer olympischen Bronzemedaille ausgezeichnet wurden. Auf dem sechzig Hektar großen Gelände gibt es zwei Stadien nebeneinander für 15 000 und 60 000 Zuschauer, Schwimmstadion, Tennis- und Hockeyplätze, eine Sporthalle und eine Regattastrecke am Hochwasserkanal.

Elftausend-Jungfrauen-Kirche, Rückkehr zur Oder

Vom Stadioneingang folgen wir nach Westen der Morgenzeile (Al. M. Gwardii) und biegen nach der Brücke halbrechts in die Sternstraße (ul. Sienkiewicza) ein. Hier läßt sich nach rechts ein Abstecher zum Laurentiusfriedhof mit dem Grab Paul Kellers (Feld 9) einfügen. Die Sternstraße bringt uns weiter am Botanischen Garten und dem Zoologischen Museum vorbei zum Gneisenauplatz (Pl. Bema), wo uns ein Blick nach links Orientierungshilfe gibt: Wir sind auf der Höhe der Sandkirche wieder zur Oder gekommen, fahren aber auf unserer breiten Straße geradeaus weiter, bis wir am Ende des Linksbogens rechts einbiegen und parken können. Hier habe ich noch zwei Vorschläge für Sie, die einander keineswegs ausschließen, aber zusammen eine Stunde Zeit erfordern.

Erstens: Wir setzen unser Gefährt wieder in Gang und steuern die von ferne sichtbar werdende Kuppel der Elftausend-Jungfrauen-Kirche an. Diese Vorstadtkirche ist nicht nur ein bemerkenswerter Bau (1820 bis 1823) von Carl Ferdinand Langhans, sie hat auch eine ehrwürdige Geschichte. Schon um 1400 stiftete ein Breslauer Bürger hier eine Kapelle und ein Hospital für aussätzige Frauen. Nach seinem Tod übernahm die Stadt seine Stiftung und setzte ein erstaunlich frühes Zeichen kommunaler Wohlfahrtspflege. Mehrere Vorläufer des heutigen Gebäudes sind Kriegen und Belagerungen zum Opfer gefallen.

Der zentrale Kuppelbau Langhans' d. J. mischt im romantischen Empfinden seiner Zeit frühromanische, gotische und klassische Elemente zu einer stilvollen Einheit. Seine Eingangsfront schmücken gotische Plastiken, die vom Nikolaitor auf dem Königsplatz stammen. Geschaffen hat sie Briccius Gausske, von dem auch der plastische Schmuck am Südosterker des Rathauses stammt.

Zweitens (sofern Sie die Inseln unterhalb der Sandkirche nicht schon von dort aus besucht haben): Wir parken hier am Fluß, queren auf lustig schwankendem Hänge-Steg einen Oderarm zur „Hinterbleiche", noch einmal über ein schmales Gewässer zum einzig stehengebliebenen Haus der „Vorderbleiche", dort rechts in die Tiefe der großen baumbestandenen Insel: Den Blick von hier über die ziehenden Wasser auf die barocken Prachtbauten sollte sich kein Besucher entgehen lassen!

Hier unter den alten Bäumen, die ihre Äste tief zum Wasser hinunterbeugen, nehmen wir noch einmal das Bild der alten Stadt in uns auf und gedenken der Worte von Paul Keller:

Die Oder ist unter den deutschen Flüssen wie ein Bauernweib unter Großen und Edlen. Sie ist nicht so reich wie die Elbe, nicht so munter wie die Weser, nicht so königlich wie der Rhein, nicht so machtvoll wie die Donau. Die Oder ist ein Bauernweib...

Einmal, wie wohl jedes Bauernweib, kommt die Oder auch nach der Hauptstadt, nach Breslau. Dort hört sie die Domglocken klingen und nimmt das Bild der Türme in den Spiegel ihrer Seele auf.

Nützliche Hinweise
für Anreise und Aufenthalt

Niemand muß heute eine Reise nach Schlesien scheuen. Es gibt viele Touristik-Unternehmen, die sich auf die Organisation von Bus- und Bahnreisen dorthin spezialisiert haben. Wer sich unsicher fühlt, sollte sich einer solchen Gemeinschaftsfahrt anschließen. Er ist dann nicht nur aller Formalitäten ledig; er darf auch sicher sein, daß an Ort und Stelle freundliche, gut deutsch sprechende Betreuer mit Rat und Tat für ihn bereitstehen, ohne daß dadurch auch nur im geringsten die persönliche Bewegungsfreiheit geschmälert würde. Im Gegenteil, diese Betreuer wissen, was der Besucher aus dem Westen in erster Linie sehen will. Sie werden versuchen, seine Wünsche zu erfüllen.

Ergiebiger ist freilich immer eine Fahrt mit dem eigenen Wagen. Auch in diesem Fall sollten Sie die Hilfe eines Reisebüros für Hotelreservierung und Visabeschaffung in Anspruch nehmen. Das enthebt Sie aller Formalitäten. Vor allem aber werden Sie auf andere Weise nur schwer überhaupt Übernachtungsmöglichkeiten finden. Buchen Sie unbedingt rechtzeitig, wenigstens acht Wochen vor Reisebeginn!

Einreise

Für die Einreise nach Polen benötigen Sie ein Visum. Dem Antrag sind der Reisepaß (für Westberliner der Personalausweis) und zwei Fotos (für Westberliner drei) beizulegen. Der Paß muß noch weitere neun Monate gelten.

Transit-Visa für die DDR sind ohne vorherige Anmeldung an den Kontrollstellen erhältlich, während das Transit-Visum der CSSR bei der konsularischen Vertretung der CSSR in der Bundesrepublik beantragt werden muß. (Auch dies besorgt Ihr Reisebüro.) In beiden Fällen muß das polnische Visum bereits erteilt sein.

Für seine Mitglieder hält der ADAC Merkblätter mit den wichtigsten Grenz-, Zoll- und Verkehrsvorschriften und ein Hotelverzeichnis bereit.

Anfahrtswege

Die schnellste Reiseroute führt — auch aus Süddeutschland — durch die DDR nach Görlitz oder nach Forst mit direkter Autobahnverbindung nach Breslau. (In Görlitz müssen Sie während der Hauptreisezeit lange Wartezeiten einkalkulieren; meiden Sie dort den Sonnabend.)

Aus Süddeutschland ist die Fahrt durch Böhmen mit einem Besuch in Prag interessanter und reizvoller, freilich auch zeitraubender. Sie müssen dann auf jeden Fall eine Übernachtung (rechtzeitig vorbestellen) einplanen. Von Prag aus gibt es die landschaftlich sehr schöne E 14 über das Iser- und Riesengebirge. Schneller gelangt man auf der sehr gut ausgebauten E 12 über Königgrätz und Glatz zum Ziel. Diese Route führt bald hinter Prag durch das hübsche Landstädtchen Podiebrady, wo hoch zu Roß und in Bronze gegossen Breslaus Erzfeind aus dem 15. Jahrhundert, Georg von Podiebrad, über das Treiben zu seinen Füßen gebietet.

Verkehrsvorschriften

DDR: Das Verlassen der beschilderten Transitrouten ist untersagt. Verboten ist es ebenso, Bürger der DDR unterwegs mitzunehmen oder mit ihnen zusammenzutreffen. Übernachtungen in Interhotels müssen rechtzeitig vorausbestellt sein.

Für Pkw gelten Geschwindigkeitsbegrenzungen: in Ortschaften 50 km/h; außerhalb 80 km/h; auf Autobahnen 100 km/h.

Kraftstoff gibt es an den gekennzeichneten „Intertank"-Stellen gegen DM-West. Das ist günstiger als die Bezahlung in DM-Ost.

CSSR: Transit-Reisende sind nicht an bestimmte Straßen gebunden, müssen aber das Land innerhalb 24 Stunden wieder verlassen. In Ortschaften gilt ein Geschwindigkeitslimit von 60 km/h, außerhalb 90 km/h, auf Autobahnen 110 km/h.

Treibstoffgutscheine sind beim ADAC und an der Grenze zu haben. Tankstellen, die Superkraftstoff abgeben, trifft man nicht eben häufig. Deshalb immer rechtzeitig nachtanken!

Polen: Erforderlich ist nur noch die Grüne Versicherungskarte. Der internationale Führerschein wird nicht mehr benötigt. Höchstzulässige Geschwindigkeit in Ortschaften 60 km/h, auf Landstraßen 90 km/h und auf Autobahnen 110 km/h. Es ist verboten, innerhalb 100 m vor und nach Bahnübergängen anzuhalten. Straßenbahnen haben an Kreuzungen gleichrangiger Straßen Vorrang.

Tanken gegen Barzahlung ist nicht möglich! Es gibt an der Grenze und in Touristen-Hotels sowie Orbis-Büros Treibstoff-Gutscheine nur gegen D-Mark. Auch in Polen auf rechtzeitiges Nachtanken achten! Bleifreier Kraftstoff ist in Polen, der DDR und CSSR noch nicht zu haben.

Zoll- und Devisenvorschriften
Zollfrei ist Reisebedarf für den persönlichen Gebrauch. Ferner: 250 Zigaretten oder 50 Zigarren oder 50 g Tabak, je ein Liter Wein und Spirituosen, sonstige Geschenke bis zum Wert von 10 000 Zloty. Die Einfuhr von „Waffen, Pornographie und Propagandamaterial gegen die Volksrepublik" und von Funkgeräten ist verboten wie auch die Ausfuhr von Gegenständen, die vor dem 9. 5. 1945 hergestellt sind.

Für jeden Tag des Aufenthalts in Polen müssen Zloty-Gutscheine im Wert von z. Zt. DM 36,— erworben werden. Dieser Pflichtumtausch entfällt bei vorheriger Hotel-Buchung und Vorauszahlung. Die Einfuhr von Devisen ist unbeschränkt. Polnische Währung darf nicht ein- oder ausgeführt werden. Bei der Einreise ist eine Devisenerklärung auszufüllen. Bei der Ausreise dürfen keine höheren Beträge mitgeführt werden, als bei der Einreise deklariert wurden.

Ein Nachweis über eingetauschte Devisenbeträge wird im allgemeinen nur verlangt, wenn Zlotys in andere Währung zurückgetauscht werden sollen. Jeder Umtausch außerhalb der offiziellen Wechselstuben ist streng verboten und kann unangenehme Folgen haben.

Allgemeines zum Aufenthalt
Sie dürfen sich im Lande völlig frei bewegen. Das Fotografieren ist generell erlaubt mit der dehnbaren Einschränkung: „Keine militärisch wichtigen Objekte". Weil dazu neben Bahn- und Verkehrseinrichtungen auch Brücken, Schleusen, Hafenanlagen und Industriebetriebe gehören, lassen Sie in Zweifelsfällen den Fotoapparat lieber einmal unbenutzt.

Sie sollten auch nicht allzuviel Interesse an verfallenden oder ungepflegten Häusern bekunden. Denken Sie bitte daran, daß die Bewohner solcher Gebäude zumeist gar keine Möglichkeit haben, selbst etwas zur Erhaltung ihrer Wohnstätten zu tun, die dem Staat gehören.

Ein Reisesprachführer mit den wichtigsten Redewendungen kann — insbesondere in Restaurants — nützlich sein. Im allgemeinen kann man sich mit der deutschen Sprache überall verständlich machen. Besucher aus dem Westen werden immer mit besonders höflichem, interessiertem Entgegenkommen rechnen dürfen. Sie werden überrascht sein, mit welchem Freimut politische Fragen auch mit Fremden in der Öffentlichkeit diskutiert werden. Selbstverständlich sollte der westliche Besucher hier Takt und Zurückhaltung üben.

In Breslau

Hotels, Restaurants:

Das Hotel „Wroclaw", unweit Tauentzienplatz und Hauptbahnhof gelegen, bietet allermodernsten Komfort und läßt kaum Wünsche offen. Das „Monopol" besticht durch seine Lage am Schloßplatz in altvertrauter Umgebung und mit seiner leicht verstaubten, erinnerungsschweren Einrichtung. Moderner ist das „Panorama", ebenfalls zentral gelegen mit schönem Blick auf die Türme der Stadt. Komfortabel, aber sehr weit abgelegen ist das „Novotel".

Zufriedenstellend essen kann man heute leider nur noch in den Restaurants der genannten Hotels. Darüber hinaus kann die Suche nach einer genießbaren Mahlzeit zum Abenteuer werden. Für den kleinen Imbiß empfiehlt sich nach wie vor die Teestube „Herbowa", das frühere Café Frank am Ring. (Alle Adressen siehe Seite 165 f.)

Besichtigungen:

Bei Ihren Besichtigungsgängen sollen Sie selbstverständlich nicht Schritt für Schritt dem vorgeschlagenen Rundweg folgen. Die wenigsten Besucher werden dafür genügend Zeit zur Verfügung haben. Wenn Sie zum ersten Kennenlernen nur einen Tag erübrigen können, sollten Sie sich auf jeden Fall das Rathaus, die Universität, die Sandkirche und den Dom ansehen. Bei einem zwei-

Allgegenwärtig: Das Rathaus im Spiegel seiner neuen Umgebung

tägigen Besuch nehmen Sie die Magdalenenkirche, das National-
und das Diözesanmuseum, Scheitnig und die Dorotheenkirche
noch in Ihr Programm auf. Wenn Sie dann entschlossen sind,
bald wiederzukommen, um die Stadt noch gründlicher kennenzu-
lernen, um so besser!

163

DDR

Ständige Vertretung der Bundesrepublik Deutschland bei der DDR: Hannoversche Str. 30, DDR — 104 Berlin. Tel. 0 02/2 82 52 61

Polizeinotruf 110 — Unfallrettung 115

CSSR

Botschaft der Bundesrepublik Deutschland:
Vlasská 19, CS-11 800 Praha-1, Tel. 53 23 51

Automobilclub CSSR:
Opletalova 29, CS-11631 Praha-1, Tel. 43 14 34
Straßenhilfsdienst, Tel. Prag 22 49 06

Verkehrsbüro Cedok:
Kaiserstr. 54, 6000 Frankfurt/M., Tel. 0 69/23 29 75

Tschechoslowakische Visabüros:
Germanicusstr. 6, 5000 Köln 51, Tel. 02 21/37 56 61
Podbielskiallee 54, 1000 Berlin 33, Tel. 0 30/8 32 40 84

Polen

Botschaft der Bundesrepublik Deutschland:
ul. Dabrowiecká 30, Warschau, Tel. 0 22/17 30 12
(Paßstelle Tel. 0 22/17 60 65)

Polnische Reise- und Visabüros:
Polorbis, Hohenzollernring 99—101,
5000 Köln 1, Tel. 02 21/52 00 25
Reisebüro Darpol, Lassenstr. 25
1000 Berlin 33, Tel. 0 30/8 25 80 41

Polnischer Autoklub:
Polski Zwiazek Motorowy (PZM),
ul. Kazimierzowska 66, 02-518 Warschau,
Information: Tel. 0 22/49 93 61

In Breslau

Öffentlicher Verkehr:
   Hauptbahnhof (Dworzec Glowny): ul. Swierczewskiego (Gartenstraße)
   Hauptpost: ul Malachowskiego 17 (Flurstraße, Bahnpost)

Busbahnhof: (Dworzec PKS): pl. Konstytucji (Fränkelplatz am Hauptbahnhof)

Flugverkehr LOT: ul. Swierczewskiego 36 (Gartenstraße)

Reise-Information
 DOIT: ul. Swierczewskiego 62 (Gartenstraße, Ecke Neue Schweidnitzer Straße). Auskünfte über Hotels, Verkehr, Veranstaltungen, Besichtigungen
 ORBIS: Rynek 29 (Ring, Ecke Ohlauer Straße). Fahrkartenverkauf, Fremdenverkehr

Geldwechsel:
 Narodowy Bank Polski: Rynek 33 (Ring)
 ORBIS: ul. Swierczewskiego 62 (Gartenstraße, Ecke Neue Schweidnitzer Straße)
 und in den Orbis-Hotels

Hotels
 „Wroclaw": ul. Powstańców Sl. 7 (Kaiser-Wilhelm-Straße), Tel. 61 46 51-59
 „Monopol": ul. Modrzejewskiej 2 (Schloßplatz), Tel. 3 70 41
 „Panorama": pl. Dzierżyńskiego 8 (Dominikanerpl.), Tel. 44 36 81
 „Novotel": ul. Wyścigowa 35 (Rennbahnstraße), Tel. 67 50 51

Restaurants:
 „Ratuszowa": Ring, Innenblock (ehem. Ratsweinkeller)
 „Grand": ul. Swierczewskiego 102 (Gartenstraße)
 „Juhas": ul. Wieczorka 71 (Adalbertstraße)
 „KDM": pl. Kościuski 4/6 (Tauentzienplatz)
 „Monopol": s. Hotels
 „Novotel": s. Hotels
 „Panorama": s. Hotels
 „Wroclaw": s. Hotels

Cafés, Teestuben usw.:
 „Bacchus", Weinstube: Rynek 16 (Ring)
 „Herbowa", Teestube: Rynek 19 (Ring)
 „Stylowa", Café: pl. Kościuszki 1 (Tauentzienplatz)
 und in den Hotels „Monopol", „Novotel", „Panorama", „Wroclaw"

„Piwnica Swidnicka" (Schweidnitzer Keller): Im Rathaus

Deutschsprachige Gottesdienste:
Evangelisch: Sonntags 9.30 Uhr in der Christophorikirche (pl.
F. Dzierżyńskiego).
Katholisch: Sonntags 10 Uhr und am 1. Freitag jed. Monats
17 Uhr im ehem. Hedwigskloster, Hirschstr. (ul. Sepasarzyńskiego 29)

Theater, Konzerte:
Opernhaus (Stadttheater): ul. Swidnicka 35 (Schweidnitzer
Straße)
Teatr polski (Schauspielhaus): ul. Zapolskiej 3 (Theaterstraße)
Operetka dolnoślaska: ul. Swierczewskiego 67 (Gartenstraße)
Scena kameralna (Kammerspiele): ul. Swidnicka 28 (Schweidnitzer Straße)
Teatr Lalek (Puppentheater): Pl. Teatralny 4 (Zwingerplatz)
Zielona Latarnia („Grüne Laterne"): Rynek 26 (Ring -
Rathausblock)
Filharmonia (Konzerthaus): ul. Swierczewskiego 19 (Gartenstraße)

Museen:
Architekturmuseum: ul. Bernardynska 5 (Kirchstraße). Geöffnet Dienstag bis Sonnabend 11—15.30 Uhr, Sonntag 10 bis
17 Uhr, Montag geschlossen.
Diözesanmuseum: ul. Kanonia 12 (Göppertstraße).
Geöffnet Dienstag bis Sonnabend 9—14 Uhr. Montags, sonnu. feiertags geschlossen.
Historisches Museum und Medaillensammlung: Rathaus. Geöffnet Mittwoch bis Freitag 10—16 Uhr, Sonnabend 11—17
Uhr, Sonntag 10—17 Uhr, Montag und Dienstag geschlossen.
Historisches Museum im Burgfeldzeughaus: Geöffnet Dienstag, Donnerstag und Freitag 10—16 Uhr, Sonnabend 11—17
Uhr, Sonntag 11—18 Uhr. Montag und Mittwoch geschlossen.
Nationalmuseum: pl. Powstańców Warszawy 5 (Lessingplatz).
Geöffnet Mittwoch bis Sonntag 10—16 Uhr, Donnerstag ab 9
Uhr. Montag und Dienstag geschlossen.

Volkskundliches Museum: ul. Kazimierza Wielkiego 35 (im ehem. Schloß). Geöffnet Mittwoch bis Freitag 10—16 Uhr, Sonnabend und Sonntag 10—17 Uhr, Montag und Dienstag geschlossen.

Vorgeschichtliches Museum: ul. Kazimierza Wielkiego 34 (im ehem. Schloß). Geöffnet Mittwoch bis Freitag 10—16 Uhr, Sonnabend und Sonntag 10—17 Uhr, Montag und Dienstag geschlossen.

Zoologisches Museum: ul. Sienkiewicza 21 (Sternstraße). Geöffnet 10—15 Uhr, Donnerstag und Sonntag bis 18 Uhr, Montag und im Monat August geschlossen.

Gärten:

Botanischer Garten: ul. Kanonia 6/8 (Göppertstraße). Geöffnet an Werktagen 9—19 Uhr (im Winter bis 18 Uhr), Sonntag 10—18 Uhr.

Zoologischer Garten: ul. Wróblewskiego (Grüneicher Straße). Geöffnet täglich 9—19 Uhr (April bis Oktober)

Schiffsfahrten auf der Oder:

Anlegestelle Przystań Zwierzyniecka (Paßbrücke). Von Mai bis September:

Fahrten nach Wilhelmshafen (Wyspa Opatowicka), zur Hindenburgbrücke (Most Warszawski) und nach Dyhernfurth (Brzeg Dolny)

Für den Autofahrer:

Tankstellen

An der Autobahn-Einfahrt

ul. Powstańcow Slaskich (Kaiser-Wilhelm-Str.) 156

Am Hauptbahnhof

ul. Teczowa (Siebenhufener Str., am Freiburger Bhf.)

ul. Kamienna (Steinstr.) 145

ul. Krakowska (Ofener Str.) 13

ul. Traugutta (Klosterstr.) 86

Pl. Staszica (Benderpl.) 2a

Pl. Grunwaldzki (Scheitniger Stern) 47

Werkstätten

„TOS", ul. Powstańców Slaskich 156 (Straßenbahnschleife am Südpark)

Auto-Service, ul. Kamienna (Steinstr.) 145

Auto-Service, ul. Nasypowa (Alte Friedrichstr.) 2

Verzeichnis der
Straßen, Plätze und Gebäude

KIRCHEN UND KLÖSTER

MUSEEN

Namensregister

Schlesien

Klaus Granzow und Reinhard Hausmann

in 1440 Bildern

Rautenberg

BRESLAU

IN 144 BILDERN

Verlag Gerhard Rautenberg

2950 Leer   Postfach 19 09

NIEDERSCHLESIEN

IN 144 BILDERN

DAS RIESENGEBIRGE

IN 144 BILDERN

MITTELSCHLESIEN

IN 144 BILDERN

OBERSCHLESIEN

IN 144 BILDERN

DAS WALDENBURGER-GLATZER-BERGLAND

IN 144 BILDERN

SUDETENLAND

IN 144 BILDERN

NACHWEIS DER BILDER UND ZITATE

Den Plan der Altstadt zeichnete Frau Inge Noeggerath, München.

Das Farbfoto auf der Rückseite stellte Michael Welder, Forchheim, zur Verfügung.

Umschlagfoto: Dr. Granicky, Düsseldorf — Seite 39 „Ratssitzung": Holzner Verlag, Würzburg — Seite 101 „Fechterbrunnen": Albrecht Baehr, Stuttgart — Seite 117 „Auf der Dombrücke": Verlag Wolfgang Weidlich, Frankfurt/M. — Seite 135 „Pietá": Archiv Rommerskirch (ehem. Breslau) — alle übrigen Fotos vom Autor. — Seite 23 „Drei Tage vor Weihnachten": Zeitschrift SCHLESIEN, 2/1976 — Seite 50 „In die Keller!": „Breslau". Hrsg. Herbert Hupka. Verlag Gräfe und Unzer, München — Seite 53 „Es ging...": „Henrik Steffens, Was ich erlebte", Winkler Verlag, München — Seite 124 „Klößeltor": Nach der Erzählung „Das Breslauer Klößeltor" von Alfons Teuber in „Geliebtes Breslau", Verlag Gräfe und Unzer, München — Seite 158 „Die Oder": „Paul Keller, Das Märchen von den deutschen Flüssen", Bergstadtverlag Wilh. Gottl. Korn, München